재치있는 말로
첫인상을 제압하라

나의 첫마디가 첫인상을 결정한다!

재치있는 말로
첫인상을 제압하라

김승규 지음

소크라테스의 수업료

한 젊은이가 대중연설과 웅변술을 배우기 위해 소크라테스를 찾아왔다.
그는 이 위대한 철학자에게 자신을 소개한 뒤 평소 자신이 갖고 있던
대중연설에 대한 생각을 장황하게 펼쳐놓았다.
소크라테스는 오랫동안 그의 이야기를 묵묵히 들어주었다.
마침내 그의 말이 끝났을 때 소크라테스를 이렇게 말했다.
"여보게, 젊은이. 자네는 내게 수업료를 두 배 지불해야 하네."
그러자 그가 놀라서 물었다.
"어째서 저만 수업료가 두 배라는 겁니까?"
"왜냐하면 자네에게는 두 가지 원리를 가르쳐야 하기 때문이라네.
먼저 '귀'를 활용하는 방법을 배우고 나서,
'혀'를 올바르게 사용하는 방법을 배우도록 하게."
그제야 그는 자신이 너무 오랫동안 자기 말만 함으로써
소크라테스의 지혜로운 말을 제대로 듣지 못한 것을 깨달았다.

"인생은 한 권의 책과 같다. 어리석은 사람은 대충 책장을 넘기지만, 현명한 사람은 공들여서 읽는다. 그들은 단 한 번밖에 읽지 못하는 것을 알기 때문이다."

장 파울의 말이다. 인생의 의미를 전하는 이 말은 나와 상대방과의 '대화'에도 통한다. 대충 생각나는 대로 말하는 사람은 어리석은 사람이다. 당신의 입에서 한번 내뱉어진 말은 다시 주워 담을 수 없다. 현명한 사람은 재치 있는 말 한마디로 천냥 빚도 갚을 수 있다.

우리가 어떤 사람에게 '말을 잘한다'고 표현하는 것은 어려운 말을 많이 할 줄 안다는 의미가 아니다. 듣는 사람의 눈 높이에 따라 적당한 단어와 적절한 비유를 사용하여 재치 있게 말하는 사람을 가리키는 것이다.

사람들과의 만남에서 말은 불가분의 관계에 있다. 상대방을 탐색하는 것도 결국은 상대방의 말속에서 정보를 얻는 것이라고 볼 수 있다. 물론 상대방의 현재 생활, 직업, 옷차림, 행동 등으로 정보를 얻을 수도 있겠지만 그보다는 그의 몸에 자연스럽게 배어 있는 말투나 말솜씨에 따라 상대방의 이미지가 많이 결정된다고 해도 과언이 아니다. 그래서 자신의 생각이나 발상을 말로 표현하고 상대방의 생각을 듣는 행위는 모든 인간 관계의 기본이다.

우리가 '말 잘하는 법'을 배우는 것은 인간 관계에서 보다 능률적이고 생산적인 상호 관계를 이루자는 데 그 목적이 있다. 당신이 비즈니스에서 성공하고자 한다면, 그리고 진정 재치 있게 말을 잘하고 싶다면 상대의 생각을 존중하고 자신의 의견이 상대의 기분을 상하지 않도록 표현하라. 거칠고 부정적인 말은 비즈니스에서 당연히 실패할 수밖에 없다. 대화는 혼자 말하는 것이 아니라 '말하는 사람'과 '듣는 사람'이 있기 마련이다. 어떻게 상대방에게 당신의 의사를 잘 전달하느냐 하는 것이 대화의 가장 큰 목적이라 할 수 있다.

고대 그리스의 장군으로 언어장애가 있었던 데모스테네스는 각고의 노력 끝에 위대한 웅변가가 되었다. 그리고 얼마 후 그가 마케도니아 전투에 나갔을 때 마케도니아의 필립 왕은 이렇게 말했다.

"그리스 군사 백만 명은 무섭지 않으나 데모스테네스의 세 치 혀끝은 매우 두렵다!"

필립 왕은 말의 위력이 얼마나 강한지 잘 알고 있었던 것이다.

당신의 대화법을 긍정적으로 변화시켜라. 화술이 변하면 인생이 변화되고, 말버릇을 고치면 성격도 개선된다. 상대방과 눈을 맞추고 자연스런 제스처와 함께 대화를 나누다보면 어느덧 부정적인 말만 해대던 당신이 긍정적인 생각을 갖게 된 것을 발견할 수 있을 것이다.

"지피지기(知彼知己)면 백전백승(百戰百勝)이다."

인간 관계에서 우선 중요한 것은 자신을 알고 인정하는 것이다. 자신을 소중히 여기는 마음이야말로 자신감의 근원이 되기 때문이다. 꾸미지 않고 있는 그대로의 자신에게 자신감을 심어준다면 인생의 실패도 결코 두렵지 않을 것이다.

재치 있는 말과 유머감각은 성공하는 사람들이 갖춰야 할 덕목 중 하나다. 치열한 경쟁사회에서 누군가를 설득하고 이끌어야 할 사람이라면, 전문적인 업무 능력을 키우는 것 못지 않게 재치와 위트를 담아 자연스럽고 부드럽게 말하는 능력 또한 중요하다. 원만한 인간 관계를 이루어 나가는 데 있어 재치 있는 말은 무엇과도 바꿀 수 없는 소중한 재산이다.

재치 있는 말로 당당하게 '나'를 표현하라. 재미있게 말하라! 자신 있게 말하라! 온몸으로 말하라! 사람의 마음을 감동시키는 재치 화술이 당신의 성공을 부른다.

2003년 1월 수락산에서

김승규

○ 차 례 ●

2 재치 있는 말도 성공의 전략이다

3 재치 화술로 첫인상을 제압하라

4 재치 화술로 무장하는 7가지 전략

5 성공하는 직장인이 되는 비결

1 화술의 원칙을

100% 살리는 노하우

사람의 입에서 말이라는 것은 나뭇잎과 같다.

나뭇잎이 무성할 때는 과실이 적은 법이다.

우리는 침묵하든지 그렇지 않으면 침묵 이상의 말을 해야 한다.

— 피타고라스

01 첫마디가 첫인상의 50%를 좌우한다

'시작이 반'이라는 말처럼 우리가 상대를 처음 만나 이야기를 나눌 때 그 첫마디가 첫인상의 50%를 좌우한다고 한다. 그만큼 무슨 말이든 신중하게 시작하라는 뜻일 것이다.

21세기는 '나'를 표현하는 능력이 성공을 좌우한다. 어떻게 상대방에게 형상화된 몸짓, 효과적인 언어로서 나를 적절하고 정확하게 표현할까 하는 것이 문제의 핵심이다. 이것은 상대의 눈에 보이는 내 모습뿐만 아니라, 내면적이고 정신적인 면까지 주체적으로 나타내는 것을 말한다. 상황에 어울리고 상대방에게 맞는 적절한 첫마디로 좋은 첫인상을 심으려면, '나'를 가장 잘 표현하는 '말하기 기술'을 개발해야 한다.

처음 만나는 사람들은 우선 초면이라는 부담감과 서로에 대한 정보 부족으로 대화가 매끄럽게 이어지지 못한다. 그럴 때는 가급적 상대방을 만난 첫 느낌 '첫인상의 좋은 점'에 대하여 먼저 말을 꺼내보라. 상대는 당신의 첫마디에 반하여 당신에게 호의적인 태도를 보일 것이다. 그 다음으로 대화의 분위기와 관심을 끄는 주변 상황을 찾아서 대화를 유도해 나간다.

"이곳이 마음에 들어 업무상 만나는 사람들을 이곳에서 자주 만난답니다. 지금 분위기도 선생님과 맞는 것 같군요."

또, 무난하게 대화를 이끌어나가는 방법으로 당일의 날씨나 계절 이야기 같은 것으로 첫마디를 시작할 수 있을 것이다. 이것은 누구에게나 공감할 수 있고 부담스럽지 않은 대화 주제라 자주 이용되는 화제이다. 물론 이 경우 날씨에 대한 이야기를 하더라도 남과는 다르게 하는 것이 중요하다. 바로 당신의 재치 있는 말이 그 위력을 발휘할 때인 것이다.

김은철씨는 거래처의 이 과장과 중요한 약속이 있었다. 그와는 전화로 몇 번 통화한 적은 있었지만 만남은 처음이었다. 김은철씨는 약속 시간이 점점 다가올수록 어떻게 해야 상대에게 좋은 이미지를 심어 줄지 고민이 되었다. 또한, 일을 꼭 성사시켜야 한다는 부담감이 커서 은행잎이 샛노랗게 물들은 가로수 길을 걸어가는 동안 마음이 착잡하였다.

그러나 주사위는 던져졌고 김은철씨는 이 과장과 마주 앉아 첫

인사를 나누었다. 정식으로 통성명을 하고 나서 김은철씨는 은행나무에 대한 이야기를 꺼냈다.

"이런 가을날에는 경기도 용문사 은행나무가 보고 싶군요."

"아, 그 은행나무요? 저도 한 번 본 적이 있는데 인상 깊더군요."

"저는 여러 번 보았습니다. 그 나무를 보고 있으면 삶의 시간이 보잘것없게 느껴지더군요."

이 과장도 김은철씨의 말에 크게 공감하는 눈치였다. 자신의 말에 귀 기울여 주는 상대를 보며 김은철씨 또한 마음이 차분히 가라앉고 업무에 대한 부담감도 사라지기 시작했다.

"이런 가을엔 그런 곳에 가서 한번쯤 몸도 마음도 휴식을 취하면 좋겠지요."

두 사람은 용문사 은행나무 얘기를 시작으로 하여 자연스런 분위기를 만들어 나갔다. 물론 비즈니스도 원하는 대로 성사되었다.

처음 만나는 사람과 대화를 나눌 때는 자신과 상대방이 공유할 수 있는 화제를 선택해야 한다. 가끔 나이 드신 노인들이 지하철이나 버스 안에서 정답게 이야기를 하는 모습을 볼 수 있다. 처음 만난 사이인데도 그 동안 살아온 연륜이 깊다보니 공통의 화제가 많아 자연스럽게 대화를 나눌 수 있는 것이다. 그들은 궂은 날에 도지는 신경통이나 다 키운 자식 자랑, 날씨 이야기 등으로 시간 가는 줄 모른다.

현대인들의 만남에는 분명 주제가 있다. 동창회 모임에서조차 어떤 목적이 있게 마련이다. 결혼식이라든가 집들이라든가 돌잔치라든가 하는 소규모 모임에도 그 나름의 목적이 있다. 나아가 상품을 팔기 위한 비즈니스상의 만남에서부터 취업을 위한 면접, 결혼을 위한 맞선 등 만남의 목적 또한 다양하다. 그 목적에 맞는 공통된 화제를 시작으로 말을 꺼내면 무난하게 대화가 이루어질 것이다. 물론 만남의 성격에 따라 세부적인 사항은 달라지겠지만 이미 긴 생을 살아온 노인들처럼 부담 없이 이런 저런 이야기를 하며 말문을 여는 것도 자연스러운 대화법이다.

자연스럽다는 것은 상대에게 부담을 주지 않는다는 뜻과 통한다. 부담 없는 말을 시작으로 대화를 유도한다면 목적한 바를 이루는 데 훨씬 수월할 것이다.

"마음의 기쁨과 만족은 모두 남을 자기와 비교해 우월감을 갖는 데서 온다."

이 말은 토마스 홉스의 《시민철학 요강》에 나오는 말이다. 이처럼 아무리 못난 사람이라도 남과 비교해 자신이 우월하다는 것을 느낄 때 만족감을 얻는다. 사람들의 이런 심리를 이용해 상대의 장점을 부각시키다 보면 초면이라도 상대방은 경계심을 풀고 자연스럽게 마음의 문을 열 것이다.

그러나 무조건 칭찬만 해서는 안 된다. 상투적인 말로 상대를 칭찬할 경우 오히려 상대의 기분을 망칠 수 있다. 칭찬이란 본심에서 우러나와야 진정한 칭찬이 아닌가? 상대는 분명 당신의 칭찬이 참인지 거짓인지 간파할 수 있을 것이다.

미인인 여성 고객에게 "미인이십니다." "아주 예쁘시군요."와 같은 말들은 하지 않는 것이 좋을 때가 있다. 그녀는 이미 그런 말들을 너무 많이 들었을 테고 또다시 그런 말을 듣는다면 식상할 따름이다. 한 마디로 뭉뚱그려서 "미인이십니다."라고 말할 것이 아니라 그녀의 특징 하나를 집어서 말하는 것이 더 효과적이다. 예를 들어 그녀의 눈빛이 매력적이라면 그 눈빛에 대해 언급하고 그녀의 전체적인 이미지가 아름다워 보이면 그 이미지에 대한 느낌을 꺼내는 것이 좋다.

상대가 남자 고객일 경우도 마찬가지다. 첫 만남에서 상대를 대면하지 않았지만 이미 비즈니스상의 교류가 있었다면 업무 능력에 대해 칭찬을 하는 것도 좋다.

"지난 번 일을 깔끔하게 마무리할 수 있게 도와 주셔서 감사합니다."

"덕분에 일하기가 수월합니다."

이처럼 상대의 능력을 인정하는 첫마디로 말을 시작한다면 상대는 만족감을 느끼고 당신에게 조금 더 다가올 것이다.

우리는 때로 높은 직위에 있으면서도 인간미를 잃지 않은 사람을 만나면 절로 고개가 숙여지듯이 윗사람 또한 아랫사람에 대한 예의를 지켜야 한다. 상사가 권위만을 내세우고 명령조의 말만 내뱉는다면 부하직원은 그를 따르지 않을 것이다. 아랫사람이 윗사람에게 보이는 첫인상도 중요하지만 윗사람이 아랫사람에게 보이는 첫인상도 중요하다.

재치 키워드

말하기의 기본원칙

1. 천천히 말하자.
천천히 말을 할 수 있다는 것은 그만큼 여유가 있고 침착하다는 증거이다. 내용의 정확한 전달은 물론 상대방에게 좋은 인상을 준다.

2. 적당한 목소리로 말하자.
어떤 때는 작은 소리가 상대방의 주의를 집중시키는 효과를 가져오기도 하지만, 보통의 경우 작은 음성은 말하는 내용이 제대로 전달되기 힘들다. 말에 힘이 없다든지 음성이 너무 크면 좋지 않다.

3. 불필요한 말과 행동을 삼가라.
'음'이나 '아'와 같은 호흡을 끊는 말을 하지 않는다. 말을 하는 도중에 쓸데없이 물건을 만지작거리지 않는다. 상대방과의 대화를 방해하는 모든 요소를 제거하라.

02 화제를 잘 선택한다

말을 잘하려면 먼저 자신의 감각이나 판단력을 믿어야 한다. 자기 자신에 대해 자신감이 없다면 언제나 대화에서 한발 물러난 방관자일 수밖에 없다. 모임에서 누군가 한 사람이 말을 하지 않고 멀뚱멀뚱 계속 앉아 있다면 왠지 그 사람에게 신경이 쓰인다. 혹시 기분이 나빠서인지, 어떤 불만이 있어서 그러는지 눈치를 보게 되기 마련이다.

그런데 대화에 자신이 없는 사람은 이야깃거리가 없어서일 수도 있지만 재치나 센스가 없는 사람일 경우가 많다. 센스 없는 사람은 대화에서 어떤 말을 어느 순간에 해야 하는지를 잘 파악하지 못하기 때문이다. 원만한 대화를 이끌어 가는 사람은 그만큼 감각 있는 사람이라 할 수 있다. 분위기에 걸맞은 재치 있는 화제를 선택한다면 자신의 이미지를 높이는 데 도움이 될 것이다.

K는 누가 봐도 씩씩할 것 같은 건장한 체격의 소유자였다. K는 다른 사람들과는 비교적 이야기를 잘 하는 편인데 꼭 여성과 단 둘이 만나는 소개팅 자리에서는 말을 잘하지 못했다. 얼굴은 벌 겋게 상기되고 손에는 땀이 배었다. 말을 하려고 하면 더듬거리 기 일쑤라 되도록 말을 하지 않았다.

"저어, 차 드시죠."

오늘 만남에서도 K는 이 말 한마디 해놓고 입을 꾹 다물어 버렸다. K의 이런 행동은 여자들에게 오해를 불러일으키기 마련이었다.

'저 남자는 내가 마음에 들지 않나 봐.'

여자들은 대개 이렇게 생각하거나 차만 마시는 K에게 별 매력을 느끼지 못했다.

"무슨 말씀 좀 해 보세요. 꼭 벌서는 기분이에요. 하시는 일은 구 체적으로 어떤 일이세요?"

그녀의 질문에 엔지니어인 K는 말문이 서서히 트이기 시작했다. 자신이 잘 알고 있는 분야라서 자신 있게 이야기할 수 있었기 때 문이다. K는 자신이 하는 일을 알기 쉽게 차분히 그녀에게 이야 기해 주었다.

"의외로 말씀을 잘하시네요. 이렇게 말씀을 잘하시면서……."

그녀의 칭찬에 K는 자신감을 얻게 되어 편안하게 대화를 나눌 수 있었다. 그 동안 K는 자기가 말하는 것이 상대방 여성의 기분에 맞을지 안 맞을지 몰라 전전긍긍하다 아무 말도 못해왔다. 제대로 데이트 한 번 해보지 못한 K는 여자에 대한 정보도 부족하고 경험도 부족했다.

'이 말을 해도 될까? 이 말을 하면 바보취급을 받진 않을까? 이번에도 저번처럼 거절을 당하면 어떻게 할까?'

이런 생각만 하다 결국 데이트 기회를 놓치고 말았다.

"저, 다음에 또 만날 수 있을까요? 그러면 좋겠는데요."

K는 오늘 용기를 내어 헤어질 때 그녀에게 다음 데이트를 신청하였다. 그녀는 웃으면서 흔쾌히 K의 데이트 신청을 받아 들였다. 드디어 K의 오랜 소원이 이루어진 셈이었다.

아무리 고급제품이라도 허술하게 포장해 놓으면 그 물건의 값어치는 그만큼 떨어진다. 사람들은 물건을 사는 것이 아니라 그 제품의 이미지도 함께 사는 것이다. 그래서 앞다투어 기업들은 대중매체를 통해 기업과 상품 광고를 한다.

크라이슬러사의 회장이었던 아이아코카는 이렇게 말했다.

"모든 것은 이미지로 통한다. 대통령도 자동차도 모두 이미지가 중요하다."

처음 이미지는 그 사람의 외모에 따라 다르게 느낄 수 있지만, 그 사람이 어떤 생각을 갖고 어떤 말을 하느냐에 따라 달라지기도 한다. 효과적인 말로써 좋은 이미지를 상대에게 심으려면 우선 화제를 잘 선택하는 요령이 있어야 한다.

대화의 목적에 맞는 화제를 선택한 후 상대가 호감을 느낄 만한 구체적인 예를 들어 이야기해 보자. 여기에 자신의 경험이나 주위 사람들의 경험을 들려주면 신뢰도는 한층 더 높아질 것이다.

그리고 화제를 잘 선택했다면 화제를 바꿔야 하는 시기도 잘 알아야 한다. 이야기 도중 상대방의 기분을 상하게 했을 때는 은근 슬쩍 화제를 돌리는 재치와 슬기로움이 필요하다. 기분이 상한 그 사람도 화제가 빨리 다른 곳으로 옮겨가기를 바랄지도 모른다. 다른 주제의 대화를 하다보면 자연스레 종전의 기분은 상쇄되고 좋은 분위기로 전환될 수 있다. 모인 사람들이 별로 흥미를 느끼지 않는 화제를 끝까지 끌고 갈 이유가 없다.

때와 장소에 맞는 적절한 화제를 선택할 줄 아는 사람이 바로 재치 있는 말 한마디로 자신의 첫인상을 분명하게 심을 수 있는 센스 있는 사람일 것이다. 대화의 주제 선택은 첫인상을 결정지을 수 있는 아주 중요한 요소라 할 수 있다.

03 상황에 맞게
웃으면서 말한다

'웃는 얼굴에 침 못 뱉는다.'는 속담이 있다. 그만큼 밝은 미소는 사람들을 기분 좋게 해 주는 힘이 있다. 그래서 상대방에게 좋은 이미지를 심어 주려면 일단 밝게 웃어 보여야 한다. 특히 사람들을 많이 대해야 하는 직업을 가진 사람이라면 미소는 필수조건이라고 해도 과언이 아니다.

이 사장은 서울의 두 곳에서 의류매장을 운영하고 있다. 두 매장에 각각 책임자 한 사람과 파트타임 아르바이트 두 사람을 고용했다. 두 매장은 유사한 상권에 위치해 있고, 디스플레이와 상품도 비슷한 수준으로 준비해 놓았다. 그런데 두 매장의 매출의 차이가 너무나 많이 났다. 이 사장은 두 매장의 매출이 어느 정도

차이가 나는 것은 그럴 수 있다고 생각할 수 있지만, 두 배의 차이를 보이는 것은 무언가 문제가 있다는 생각이 들었다. 그래서 이 사장은 두 매장의 차이점이 무엇인지 그 이유를 직접 찾아 나섰다.

먼저 매출이 적은 매장을 방문했다. 이 사장이 매장 문을 열고 들어갔는데도 어느 한 사람 눈길조차 주지 않았다. 직원들은 커피를 마시거나 잡지를 뒤적이고 있었다.

"흠!"

이 사장의 기척의 놀란 직원들은 허둥대며 하던 일들을 정리했다.

"사장님, 어쩐 일로 이렇게 일찍 나오셨어요? 무슨 일이라도 있으신지……."

"아무 일도 없어요. 시간이 나서 좀 일찍 나온 것뿐이니까 신경 쓰지 말고 일해요."

직원들은 그제야 매장의 디스플레이를 살피고 옷들을 가지런히 챙기고 청소를 하기 시작했다. 잠시 후 손님들이 들어왔다.

"어서 오세요."

아르바이트 직원은 그 말 한 마디만 하고 멀뚱멀뚱 손님 옆에 서 있기만 했다.

"이건 가격이 얼마죠?"

"거기 가격표에 써 있는데요."

손님이 가격을 물어도 심드렁하게 대꾸를 했다. 보다 못한 이 사장이 나서서 손님에게 가격을 알려 주고 상품의 장점을 설명했다. 손님이 물건을 사서 나가는 동안 직원들은 미소 한번 보이지 않았다. 마지못해 인사 정도만 할 뿐이었다. 이 사장은 직원들의 태도에 몹시 화가 났다. 직원들은 시간만 채우고 급여만 챙기면 그만이다라는 생각을 갖고 있는 것이 분명했다. 이 사장은 그 매장을 나오면서 뭔가 조치를 취해야겠다고 마음먹었다.

다음날, 이 사장은 매출이 높은 매장을 방문했다.

"사장님, 나오셨어요?"

책임자는 물론 아르바이트 직원들도 밝은 얼굴로 인사를 해 이 사장은 기분이 좋았다. 이른 아침인데도 매장 안은 정갈하게 정리 정돈되어 있었다. 그는 오랫동안 매장 안에서 주의 깊게 들어오고 나가는 손님들을 살펴보았다.

"아휴, 이 블라우스는 감이 별로다. 빨래 몇 번 하면 금방 망가지겠어요."

"마음에 안 드시면 다른 옷을 보여 드릴까요? 손님."

직원들은 까다로운 고객의 말에도 일일이 웃으면서 상냥하게 대답을 하였다.

"마음에 드는 게 없네요. 미안해요."

"아닙니다, 안 사셔도 돼요. 다음에 또 오셔서 보시고 마음에 드는 옷 있으면 그때 사 가시면 되죠."

직원들은 옷을 사지 않고 그냥 나가는 손님에게도 끝까지 친절한 미소를 보냈다. 직원들의 미소는 이 사장이 있어서 억지로 웃는 웃음이 아니었다. 몸에 밴 자연스런 웃음이었다. 그 모습을 본 이 사장은 매우 흡족한 기분이었다. 이 사장은 그렇게 되기까지 매장 책임자의 노력이 있었음을 뒤늦게 알았다. 매장 책임자는 어떤 상황이라도 손님에게 웃으면서 대하라고 직원들을 교육시켰던 모양이었다.

"매일 웃는 연습을 하니까 저절로 몸에 밴 것 같아요. 이젠 웃으면서 말하는 게 저희도 훨씬 기분이 좋아요, 사장님."

직원들의 말을 들은 이 사장은 보너스를 지급하겠다고 약속을 했다. 그리고 매출이 적은 매장의 직원들에게도 친절과 미소 교육을 시켜야겠다고 생각했다.

똑같은 말을 하더라도 웃으면서 말을 하는 것과 무뚝뚝하게 말하는 것은 분명 느낌이 다르다. 미소 띤 얼굴로 "안녕하세요?"라고 말하는 것과 무표정한 얼굴로 "안녕하세요?"라고 말하는 것은 인사를 받는 사람의 기분을 완전히 다르게 할 것이다.

업무를 진행해 나갈 때는 항상 웃으면서 대답하기 어려울 때도 많다. 상대가 화나게 할 때는 물론이고 상대가 너무 산만할 때도 웃으면서 대답하기 곤란하다. 하지만 아무리 산만한 상대라도 업무상의 만남이라면 소기의 목적을 달성하기 위해 꾹 참고 대화를 할 수밖에 없다. 이때도 불쾌한 표정을 짓지 말고 웃으면서 상대한다면 분명 좋은 결과를 얻을 수 있을 것이다.

　웃음이란 화해의 제스처이기도 하다. 서로 마음이 상한 두 사람이 있다고 하자. 그 중 한 사람이 먼저 웃으면서 말을 걸거나 웃으면서 대답을 한다면 그들은 화해를 한 셈이다. 웃음이란 명약 앞에 모든 마음의 병도 사라진다.

 재치 키워드

웃음의 성공철학

1. 웃음은 친절한 마음의 표현이다.
2. 웃음은 상한 마음을 치유해 주는 명약이다.
3. 웃음은 화해의 제스처이다.
4. 웃음은 널리 퍼져도 무방한 전염병이다.
5. 웃음은 나를 표현하는 강력한 무기다.

침묵과 침묵 사이,
그 여백을 읽자

"묵(默)을 아는 것은 지(知)를 아는 것과 같다."

순자는 침묵의 의미를 아는 것은 곧 발언의 의미를 아는 것과 같다고 하였다. 침묵의 효과를 아는 사람이 더 지혜로운 사람이라는 말이다.

나의 의견을 강하게 주장해야 할 때 말하는 것만이 능사가 아니라 침묵으로 자신의 의지를 표명하는 것이 더 효과적일 때가 있다.

대화를 할 때 중요한 것은 상대를 나에게 집중시키는 일이다. 상대가 내 말에 집중해야만 소기의 목적을 달성하는 데 도움이 될 것이다. 이때 재치 있는 말로 상대방을 나에게 집중시킬 수도 있지만 침묵으로도 상대를 집중시킬 수 있고, 대화의 분위기를 새롭게 환기시킬 수 있다.

정일영씨는 기업의 초청으로 강연을 자주 하러 다녔다. 강연장
에 들어서면 대부분 소란스러운 인상을 많이 받았다. 정일영씨
는 청중들이 모인 분위기만 보고도 강연의 성패 여부를 판단할
수가 있었다. 강연에는 관심도 없는 표정으로 시간이나 때우려
는 사람들이 조용히 앉아 있다면 그 날의 강연은 실패할 확률이
높았다. 그러나 다소 소란스럽더라도 강연 자체에 관심이 많다
면 얼마든지 사람들을 집중시켜 좋은 강연을 할 수 있었다.
"이제 곧 정일영 선생님의 말씀이 있겠으니 자리를 정돈해 주십
시오."
사람들은 사회자의 말을 듣고 강연 들을 준비를 했다. 그런데 그
말을 듣고도 여전히 산만한 사람들이 있게 마련이다. 그런 경우,
정일영씨는 강연장 분위기가 잘 정돈될 때까지 연단 위에 올라
서서 몇 초간 침묵한 채 그대로 서 있었다. 그러면 사람들은 아
무 말 없이 단 위에 서 있는 그에게 시선을 고정시켰다. 그렇게
모든 사람의 시선이 자신에게 머물 때 정일영씨는 말을 하기 시
작했다.
"여러분, 만나서 반갑습니다. 저는……."
오랜 경험으로 정일영씨는 열 마디의 말보다 짧은 침묵이 사람
을 압도한다는 사실을 익히 알고 있었던 것이다. 그는 강연 도중

에도 청중이 지루해 하면 잠시 침묵한 채 서 있다가 재미있는 화제를 꺼내 청중을 사로잡았다.

박동숙씨는 의류업체에서 상품을 납품하는 일을 맡고 있다. 그런데 유난히 말을 아끼는 거래처 부장 때문에 곤혹스러울 때가 많았다.

"이번 상품은 원단부터 신경을 많이 쓴 제품이에요. 한 번 살펴보시고 결정해 보시죠?"

박동숙씨가 이렇게 상품에 대한 설명을 자세히 하고 나면 뭔가 답변이 있어야 하는데 거래처 부장은 침묵으로 일관했다. 그리고 고작 "나중에 연락 드리겠습니다."라는 대답을 할 뿐이었다. 박동숙씨는 그 사실을 상사에게 보고하였다.

"그럼 물건을 사겠다는 겁니까, 안 사겠다는 겁니까? 그것도 알아오지 않고 그냥 오면 어떻게 해요?"

상사에게 싫은 소리를 듣고 얼마 후에 거래처 부장에게서 물건 주문 전화가 왔다. 거래처 부장은 박동숙씨가 제시한 물건값보다 낮은 가격으로 물건을 사기 위해 침묵으로 흥정을 한 셈이었다.

여러 차례 그런 일을 당한 박동숙씨는 답답해서 미칠 것만 같았다. 그래서 그 거래처의 다른 직원들에게 부장에 대한 여러 가지 정보를 얻어냈다. 그 부장은 원래 말을 아끼는 사람으로 얼굴 표정으로 판단을 해야 한다는 것이다.

"부장님이 뭔가 생각하고 있는 표정이라면 일이 진척되고 있다는 의미이고, 그렇지 않고 심드렁한 표정으로 침묵한다면 신뢰를 줄 수 있는 획기적인 말을 생각해야 할 거예요."

그 후부터 박동숙씨는 거래처 부장이 침묵하는 가운데에서도 의사 표현을 하고 있다는 것을 알아냈다. 박동숙씨는 거래처 부장의 답변을 듣지 않고도 그가 물건을 살 것인지 사지 않을 것인지 판단할 수가 있었다.

"과장님, 이번에 그 쪽에서 물건을 살 것 같아요. 가격 다운해서 부르지 마세요."

박동숙씨는 이제 거래처 부장의 침묵이 더 이상 두렵지 않았다. 그 침묵의 여백을 읽을 수 있다면 문제될 것이 없었기 때문이다. 박동숙씨는 거래처 부장뿐 아니라 그 밖의 사람들이 침묵할 때 그 침묵의 의미를 전보다 쉽게 파악 할 수 있었다. 예를 들면, 상대방이 입술을 꼭 다물고 침묵하고 있으면 화가 나 있는 상태이므로, 한 발 물러서거나 전진을 위한 히든카드가 있어야 한다.

일반적으로 상대가 입술을 삐죽거리는 것은 경멸하거나 조소할 때 짓는 표정이다. 그럴 때는 상대에게 무엇인가 실수를 한 것은 없는지 잘 생각해 보아야 한다. 위의 경우 박동숙 씨는 이런 것을 잘 기억해 두었다 상대의 마음을 읽을 때 적절히 사용했다.

동양화에는 '여백의 미'가 있다. 그 여백은 그림에 재미와 생기를 불어넣는 공간이다. 여백의 미를 아는 사람은 오히려 여백을 즐기기 위해 그림을 그려 넣지 않기도 한다. 이와 같이 말에도 여백이 있다. 잠시 침묵하는 그 사이를 여백이라 할 수 있다. 침묵과 침묵 사이에는 아무 것도 없는 것 같지만 그 여백에는 말로써 표현하지 않은 다른 말이 수없이 많이 들어 있다.

'여백의 미'를 좋아하는 우리나라 사람들이 말에는 여백을 두지 않는 편이다. 모든 것을 다 말로써 해결하려고 한다. 침묵 속에도 뼈 있는 말이 있다는 사실을 상기하자.

재치 키워드

침묵의 성공철학

1. 사람의 입에서 말이라는 것은 나뭇잎과 같다. 나뭇잎이 무성할 때는 과실이 적은 법이다. 우리는 침묵하든지 그렇지 않으면 침묵 이상의 말을 해야 한다. ─피타고라스

2. 인간은 생각하는 것이 적으면 적을수록 더 말이 많아진다.
─몽테스키외

3. 사람은 잠자코 있어서는 안 될 경우에만 말해야 한다. 그리고 자기가 극복해 온 일들만을 말해야 한다. 다른 것은 쓸데없는 것에 지나지 않는다. ─니체

05 지나치게 문제 해결에 매달리지 않는다

세일즈에서는 물건을 파는 일이 곧 문제 해결인 셈이다. 그러나 판매가 목적일 경우 그것을 바로 드러내는 것은 효과적이지 못하다. 대개 물건을 사러 온 손님을 맞이할 때는 억지 웃음을 지어가며 간이라도 빼줄 듯 친절하다가도 그 손님이 아무 것도 사가지 않고 그냥 나가면 쌀쌀맞은 표정을 짓는다. 그 사람은 오로지 물건을 팔기 위한 거짓 웃음을 지었을 뿐이다.

고객은 판매를 위한 과잉 친절이란 느낌을 받으면 왠지 거부감이 들어 물건을 사고싶은 마음이 사라진다. 과잉 친절보다 진실한 마음으로 고객을 대해야 한다. 고객이 물건에 대한 좋은 인상을 가지고 있다면 언제라도 그 물건을 구입할 것이다. 지금 당장 문제가 해결되지 않는다고 울상을 지을 필요는 없다.

H주부는 대형 할인마트에 자주 가서 물건을 구입한다. 그 날도 여느 때와 같이 쇼핑 카트를 밀고 지하 식품 매장으로 갔다. 사람들이 많아 식품 매장 안은 매우 혼잡했다. 카트를 밀고 한 발자국을 옮기면 다른 사람의 카트에 부딪히기 일쑤였다.

유제품과 야채를 사고 그밖에 살 것을 생각해 보았다. 아이들 간식거리와 밑반찬 할 것을 더 사야 했다. 냉동식품 코너에서 프라이팬에서 노릇노릇 익어 가는 동그랑땡을 먹어 보았다. 그런 대로 맛이 괜찮아 그것을 하나 샀다. 그리고 그 옆에 있는 시식코너에서 물만두 하나를 집어먹었다. 맛이 별로 없었다. H주부가 물건을 사지 않고 카트를 밀고 돌아서자마자 담당여직원의 목소리가 들려왔다.

"아휴, 오늘은 아줌마들이 공짜로 먹기만 하고 물건은 하나도 안 사가네."

그 말은 들은 H주부는 순간 화가 나고 무안해졌다. 그 말이 방금 물만두를 집어먹고 사지 않은 자신에게 하는 소리로 들렸다. 가서 따져 볼까 하다가 그러면 더 무안해질까 봐 재빨리 그 자리를 떠났다.

그 일이 있은 후, H주부는 그 할인마트에는 발걸음도 하지 않았고 어느 쇼핑센터에 가더라도 시식코너에서 음식을 맛보지 않았다. 물론 그 상표의 냉동 물만두를 한번도 사지 않았고 쳐다보기도 싫었다.

사실 시식이란 것은 그 식품을 알리기 위한 적극적인 홍보 수단이다. 오로지 오늘 당장 팔기 위해서만 시식코너를 마련한 것은 분명 아닐 것이다. 오늘 먹어 본 사람이 당장 사지 않더라도 며칠 후에 사는 경우도 있을 것이다. 그는 잠재고객인 셈이다. 그런데 그런 고객의 뒤통수에 대고 물건을 사지 않는다고 불쾌한 언사를 늘어놓으면 누가 그 물건을 사고 싶겠는가?

보험 세일즈를 하는 경우를 살펴보자. 무조건 앉자마자 보험 상품을 내보이는 것은 바람직하지 않다. 세일즈맨과 고객이라는 입장을 생각하기 이전에 이웃이나 친구나 동료처럼 느끼게 하는 것이 중요하다. 만나자마자 본론부터 말하며 부담을 주기보다는 이런 저런 이야기를 나누며 방문 횟수를 늘려 가는 것이 좋다. 첫 번째 방문은 '나를 알리는 첫인사'로, 두 번째 방문은 '인간적인 신뢰를 강화하는 얼굴 익히기'로, 그 다음 방문은 '업무적인 상담'이라는 식으로 고객에게 접근을 해야 반감이나 저항을 받지 않는다.

가전제품 회사의 영업사원 조영수씨는 얼마 전 출시된 최신형 냉장고와 세탁기를 회사에서 정한 수량만큼 팔아야 했다. 내년 연봉협상에서 가산점이 주어지는 중요한 업무였다. 그는 어찌어찌 해서 친척에게 냉장고 한 대와 세탁기 한 대를 팔 수 있었지만 그 다음이 문제였다. 조영수씨는 만나는 고객마다 최신 상품의 장점을 침이 마르도록 설명했다.

"이 제품은 국내에서 가장 성능이 좋은 세탁기입니다. 빨래할 때 빨래가 엉키는 것을 방지해 주고 디자인도 고급스럽지요."

조용수씨의 설명에도 고객들은 별 반응을 보이지 않았다. 조용수씨는 이런 저런 방법을 생각하다 선배에게 조언을 구했다.

"이 사람아, 이건 나만의 노하운데 함부로 가르쳐 줄 수 없지 않겠나? 그렇지만 노력하는 자네 모습이 보기 좋아서 알려 주는 거야. 잘 되면 한 턱 내게."

"고맙습니다, 선배님. 그 방법이……."

"비프스테이크를 팔지 말고 시즐(sizzle)을 팔아야지, 이 사람아."

"시즐이라니요? 그게 무슨 말이에요?"

"음, 시즐이란 어떤 제품의 광고효과를 위해 그 제품의 핵심 포인트가 될 만한 소리를 활용하는 광고기법이지. 상품을 팔 때 상품 자체의 특징을 설명하기보다는 그 상품을 사용했을 때의 장점과 기쁨을 묘사해 주는 것이 좋다는 뜻이야. 고기 구울 때 나는 지글지글 하는 소리를 키 포인트로 이용하면 훨씬 쉽게 미식가에게 다가갈 수 있다는 뭐 그런 얘기지."

"정말 그렇겠군요. '상품의 이미지를 팔라'는 말과 통하는군요. 감사합니다, 선배님."

선배의 조언을 들은 조영수씨는 상품을 팔려는 생각에만 얽매이지 않고 여유를 갖고 고객을 대하기 시작했다. 그리고 자기가 목표한 것을 달성하고도 더 많은 물건을 팔 수 있었다.

"문제를 해결하기 위한 강경한 표현은 상황을 더욱 악화시킨다."

이 말은 고객과 대화를 나눌 때 너무 강경한 표현은 상대의 감정을 격하게 만들 수도 있다는 의미다. 특히 어떤 문제에 당면했을 때는 서로 자신의 할 말만 하느라 상대방의 말은 잘 들으려고 하지 않는다. 그러다 보니 점점 더 과격한 말이 오고 간다.

문제를 해결하기 위해서는 무조건 말꼬리를 잡고 싸울 것이 아니라 서로간에 관점의 차이를 인정해야 할 것이다. 사람마다 처한 입장이 다르고 생각이 다르므로 상대의 의견이 나와 다르다고 해서 억지로 고치라고 말할 수는 없다. 언제든지 입장을 바꿔 생각하고 말하면 문제 해결은 좀더 수월해진다.

그리고 문제 해결에 연연한 대화를 하기보다는 재치 있는 유머로 잠시 쉴 틈을 갖는 것도 좋은 방법이다. 유머는 뻑뻑한 분위기에 윤활유 역할을 할 것이다. 그러다 보면 문제를 해결할 수 있는 방법을 더 쉽게 찾아낼 수 있을지도 모른다.

말할 때
시선 처리가 중요하다

상대를 만나서 대화를 나눌 때 당신은 어디를 보고 있는가? 들어오고 나가는 다른 고객을 힐끔거리며 쳐다보지는 않는지, 사무실 바깥 풍경을 바라다보고 있지는 않은지 한번쯤 자신의 시선을 점검해 봐야 한다.

곁눈질로 상대를 쳐다보며 심드렁하게 대답하는 사람은 음흉하고 속내를 감추는 느낌을 준다. 자신은 그런 뜻이 아니었는데 습관적으로 고개를 삐딱하게 하고 입을 꽉 다문 상태로 상대를 보면 매우 차갑게 느껴지고 상대를 불쾌하게 할 수 있다.

남성인 경우 여성 고객의 입이나 가슴, 허리 등에 시선을 옮겨가며 대화를 하는 것은 대화보다 다른 것에 관심이 더 많은 사람으로 오해받을 수 있다. 또 얼굴 전체를 훑어보는 것도 바람직하지 않다.

특히, 남자 사원들은 무심코 쳐다보는 행동일지도 모르지만 그런 시선을 느끼는 여사원들은 분명 기분이 나쁠 수밖에 없을 것이다.

최 대리는 회사에서 업무 능력을 인정받는 커리어우먼이다. 그녀는 남자 동료들에게 뒤지지 않으려고 몇 배의 노력을 했고 여자 동료들과도 원만한 관계를 유지하고 있다. 그런데 유독 영업부 김 과장만은 최 대리의 마음에 들지 않았다.
"최 대리, 이리 좀 와 봐요. 이 보고서 데이터 좀 뽑아 주면 좋겠는데……."
김 과장은 지시 사항을 말하면서 사람의 몸을 특히 여사원의 모습을 좀 심하다고 느껴질 정도로 쳐다보는 경향이 있었다. 물론 최 대리도 예외는 아니었다. 최 대리는 김 과장의 시선이 머무는 곳에 신경이 쓰여 무척 불편했다. 언젠가 여사원들이 그 점에 대해 분명한 말로 주의를 주었는데도 김 과장은 여전히 그런 행동을 하였다.
"과장님, 말씀 다 하셨으면 이만."
최 대리는 김 과장의 시선이 부담스러워 되도록 짧게 용무를 마치려고 서둘렀다. 그래서 김 과장과는 커뮤니케이션이 잘 이루어지지 않아서 업무에 지장을 줄 때도 있었다.

인간의 말과 행동은 자신도 잘 모르는 습관에서 비롯되는 경우가 많다. 위의 경우 김 과장도 어쩌면 단순한 호기심으로 여사원들을 쳐다보았거나, 아무런 사심 없이 상대방을 관찰하는 버릇을 가진 사람일 수도 있다. 하지만 이런 불필요하고 과도한 김 과장의 행동은 습관으로 치부하기엔 너무 커다란 결점이었고, 결국 사람과 사람 사이의 관계를 허물어뜨리는 결과를 가져왔다. 이제 상대방을 대할 때 시선 처리가 얼마나 중요한 배려인지 다시 한번 깨달았을 것이다. 상황에 알맞은 시선 처리를 항상 염두에 두자.

어떤 상점에 들어가면 매장 직원이 들어오는 손님의 차림새를 유심히 살펴보는 경우를 종종 경험하게 된다. 그들은 손님들의 차림새를 보고 물건을 살 사람인지, 아닌지를 판별하는 것 같다.

모 방송국 프로그램에서는 실제로 똑같은 사람을 옷만 다르게 입혀서 똑같은 상점에 들어가 상품을 고르게 했다. 결과는 매장직원이 옷을 말쑥하게 입은 사람에게는 친절하게 대하고, 그렇지 못한 사람에게는 무시하는 눈길을 보냈다고 한다. 실험자는 그런 무시하는 시선과 말투 때문에 몹시 기분이 나빴다고 한다. 이처럼 상대의 전신을 훑어보는 것은 조심하지 않으면 무시하고 경멸하는 듯한 인상을 줄 수 있으니 삼가해야 한다.

사람들과 대화를 할 때는 시선을 어디에 두는 것이 좋은가 하는 문제는 여러 의견이 분분하다. 서양에서는 '시선 마주치기(eye contact)'라고 하여 상대의 눈을 똑바로 쳐다보라고 강조한다. 그렇지 않으면 상대가 거짓말을 한다고 생각한다. 또 서양인은 눈으로 자신의 감정을 상대에게 전하는 데도 익숙해 있다. 영국의 대처 수상은 인터뷰를 할 때면 시선과 표정만으로 어떤 기자에게 질문을 할 것인지, 언제 자신이 대답을 할 것인지를 표현했다고 한다.

M사는 그룹토론을 많이 해서 아이디어를 창출해 낸다. 영업1부의 조 부장은 자신의 부서에서 좋은 아이디어가 많이 나오기를 바랐다.

"이번 기획안에 대해 좋은 의견 있으면 말해 보세요."

조 부장은 그렇게 운을 떼어놓고 의자에 기대 의견이 나올 때까지 다이어리만 들쳐 보면서 무작정 기다렸다. 그런데 그런 방식으로 그룹 토론을 하다 보니 말하는 사람만 말을 하고 시간이 지나도 별다른 의견이 나오지 않았다. 그래서 조 부장은 토론 방법을 바꾸어 보았다.

"이 과장의 의견에 대해 말해 봐요."

조 부장은 그 말과 함께 오 대리에게 시선을 보냈다. 처음엔 당황하던 오 대리는 차츰 냉정을 되찾고 자신의 의견을 떠듬떠듬 말하기 시작했다. 그런 식으로 조 부장은 토론자 한 사람 한 사람에게 시선을 보내고 의견을 말할 기회를 적극적으로 주었다.

조 부장과 시선이 마주치는 사람은 무슨 의견이든 말하게 되었고 그런 토의를 거쳐 괜찮은 아이디어도 나왔다. 조 부장은 이런 일들을 계기로 능력 있는 리더는 시선 하나만으로도 분위기를 이끌어 나갈 수 있음을 다시 한번 깨달았다.

우리의 경우 어렸을 때부터 웃어른과는 눈을 똑바로 맞추지 말라고 배워 왔다. 그래서 나보다 나이 많은 사람과는 시선을 맞추는 것을 매우 조심스러워한다. 사람과 대놓고 눈을 마주치다가는 버릇없고 거만한 녀석이라는 핀잔과 험담을 들어야 했다. 하지만 요즘은 당당하게 나를 표현하고 자신의 의지와 각오, 결단력을 드러내기 위해서 상대와 눈을 맞추거나 얼굴 부위를 쳐다보는 행동이 점차 자연스럽게 받아들여지고 있다.

물론 지나친 시선 마주치기는 오히려 역효과를 불러일으킬 수 있다. 어색함을 느끼는 상대에게 자꾸만 눈을 맞추려고 하면 상대는 당신을 싫어하게 될지도 모른다. 그리고 상대가 계속 눈을 내리 깔고 거절을 한다면 시선 마주치기를 시도해도 먹히지 않을 것이다. 어차피 거절당할 사안이라면 깨끗이 물러나고 다음을 기약할 수밖에 없다.

또 한 가지, 시선 처리와 함께 제스처도 중요하다. 상대가 말을 할 때 자연스럽게 시선을 옮기면서 고개를 끄덕여 준다거나 맞장구를 함께 쳐주는 것이다. 시선과 제스처가 조화를 이룬다면 상대와의 대화가 잘 이루어지고 커뮤니케이션의 즐거움도 느낄 수 있다.

사람의 시선만큼 따뜻하고 사랑스런 느낌도 없지만 그것이 상대에게 잘 전달되지 못할 때, 그것만큼 차갑고 따가운 눈초리 또한 다시없는 것도 사실이다. 당신은 직접 그곳을 쳐다보지 않아도 어느 쪽에서 나를 향해 곱지 않은 시선이 오는지 느낄 때가 있었을 것이다. 시선은 대화할 때 강력한 무기이다. 그 무기를 재치 있고 현명하게 사용해야 한다.

재치 키워드

상대와의 대화에서 시선 처리 요령

1. 상대의 이마나 뺨, 입술 주위로 시선을 보내라. 그리고 가끔 눈을 마주친다.
2. 상대를 사로잡을 확률을 높이려면 상대의 시선이 가는 가장 오른쪽에 앉아라.
3. 상대가 털어놓기 어려운 이야기를 하고 있을 때는 억지로 눈을 맞추려 하지 말라.
4. 상대의 얼굴이나 신체 부위를 드러내 놓고 훑어보지 않는다.
5. 상황에 맞게 적절한 제스처를 함께 사용하라.

여유를 갖고
천천히 말한다

　　빠르게 말하는 것보다 천천히 말하는 것이 상대방
에게 자신의 생각을 전하는 데 유리하다. 빠르게 말하다 보면 자신
이 할 이야기를 미처 정리하지 못한 상태에서 실언을 할 수가 있다.
일상적인 대화에서는 물론이고 특히 상대방에게 어떤 상황이 일어
난 경위를 설명해야 할 경우, 천천히 여유를 갖고 차근차근 말해야
한다.

　간혹 오랫동안 함께 살아온 부부 사이에 아무 것도 아닌 일이 큰
부부싸움으로 번지는 경우가 있다. 이것은 대부분 대화의 기술이
부족해서 일어나는 일이다. 행복해야 할 가정 생활이 대화의 기술
이 부족해서 그 행복을 유지할 수 없다면 이 또한 불행한 일이다.

　남편이 아무 말 없이 외박을 한 경우, 부인은 당연히 그 이유를

물을 것이다. 그럴 때 대부분의 남편은 대충 위기를 넘기려 하거나 건성으로 사과 한 마디하고 마는 경우가 많은데 가까운 부부사이일수록 커뮤니케이션이 잘 되어야 한다. 남편이 무슨 일 때문에 친구를 만났으며, 전화하지 못한 이유와 외박할 수밖에 없었던 상황을 차분히 말해 주었더라면 부인이 그렇게까지 흥분하지 않았을지도 모른다. 또한, 부인도 남편에게 흥분된 목소리로 속사포처럼 쏘아대지만 않았더라면 남편도 여유를 갖고 천천히 아내에게 앞뒤 사정을 이야기했을 것이다.

몇 마디 말이나 감상적 어법만으로는 상대방을 이해시킬 수 없다. 이 말은 장황하게 변명을 늘어놓으라는 것이 아니라 구체적으로 설명하라는 말이다. 표현력을 기르는 방법 중 하나가 조리 있게 말하는 훈련을 하는 것이다. 즉 사건의 정황, 근거를 명확히 밝혀 조리 있게 상대에게 설명할 수 있어야 한다.

논리적으로 앞뒤가 맞지 않는 이야기는 의사 소통을 원활하게 할 수 없게 만든다. 논리가 서지 않은 말로 중언부언하여 상대방에게 자신의 뜻을 관철시키려 한다면 올바른 대화법이 아니다. 여유 있게 천천히 말하는 사람은 감정에 복받쳐 속사포처럼 쏘아대는 사람을 압도할 수 있다.

A씨는 한 소모임에서 천덕꾸러기가 되었다. A씨의 형편없는 말솜씨와 상식을 벗어난 말들은 그의 개성으로 받아들이기에는 그

한계를 벗어났던 것이다. 재빨리 획획 말을 내뱉고는 혼자서 키득거리다 보니 다른 사람들은 그의 말을 제대로 알아듣지 못할 뿐만 아니라 그 말의 내용 또한 엉뚱하기 그지없어 사람들의 기분을 상하게 했다.

"A씨, 좀 천천히 얘기해 줘요. 무슨 말인지 못 알아듣겠어요."

누군가 A씨의 잘못을 지적해 주어도 A씨는 아랑곳하지 않고 오히려 화를 냈다. A씨는 말뿐만 아니라 하는 행동조차 상대방의 눈살을 찌푸리게 만들었다.

예를 들면, 술자리에서는 많은 술을 마시고 거의 혼자서 말을 하다시피 대화의 주도권을 잡으려 했고 노래방에서는 마이크를 잡으면 다른 사람에게 그 마이크가 돌아갈 기회를 주지 않았다. 그러다 보니 그 모임에서는 A씨를 따돌리기 시작했다. 사람들이 자신을 따돌린다는 것을 느낀 A씨는 마음의 상처를 안고 그 모임을 떠나야만 했다.

여기서 문제는 A씨가 자신의 말투와 행동 때문에 어떤 모임에서든 그런 대접을 받는다는 것이다. 더 큰 문제는 그런 자신의 말투와 행동을 고치려는 의지가 없다는 점이다. A씨가 조금만 천천히 말을 하고 잠시 쉬는 틈에 자신의 생각을 정리하고 상대방을 배려하는 말을 한다면 A씨의 삶의 질은 한층 높아질 것이다. A씨의 경우만 보더라도 여유를 가지고 천천히 말을 해야 한다는 사실을 간과해서는 안 될 것이다.

그 밖에도 여유 있게 천천히 말하는 사람이 유리한 이유는 여러 가지가 있다. 먼저 유리한 비유를 선택해 보다 정확히 자신의 의사를 전달할 수 있다. 또, 자신의 말 중 모순되는 것이 있는지 찾아볼 수 있어 말의 실수를 줄일 수도 있다. 중요한 점은 여유 있게 말함으로써 상대를 자신에게 집중시킬 수 있다는 것이다. 상대를 집중시킬 수 있으면 대화의 반은 성공한 셈이다.

너무 빠르게 말을 하면 상대방에게 다소 가벼운 인상을 심어준다. 또, 말이 빠른 사람의 말은 제대로 알아듣기도 어려워 도대체 무슨 말을 하고 있는지 파악조차 어렵다. 반대로 천천히 여유 있게 말하는 사람은 신중하다는 느낌을 갖게 한다. 상대가 가볍지 않고 신중하다는 느낌이 들면 일을 함께 하는 데 훨씬 믿음이 갈 것이다.

말을 하는 속도는 너무 빨라서도 또 너무 느려서도 안 된다. 적당한 스피드를 조절해서 말을 하면 듣기에 경쾌하다. 상대가 자신의 말을 주의 깊게 경청할 수 있을 정도의 속도로 말을 해야 한다.

일관된 말로
신뢰를 높인다

'한 입 갖고 두 말 한다.'는 말이 있다. 흔히 시비가 붙었을 때 이런 말을 자주 사용한다. 상대가 일관성 없게 말하는 것을 꼬집는 내용이다. 대화를 하다보면 어떤 사람은 한 가지 상황을 가지고도 이랬다저랬다 말을 바꾸는 사람이 있다. 그런 사람들은 말의 앞뒤는 가리지 않은 채, 자신에게 불리하다고 생각되면 자신이 금방 한 말도 뒤집어 버린다.

특히 정치를 하는 사람들이 자주 그런 모습을 보인다. 오늘은 대가성 뇌물을 받지 않았다고 결백을 주장하다가도 다음 날이면 받긴 받았지만 대가성은 아니었다고 발뺌을 한다. 결국 진실은 밝혀지고 그 정치인은 국민의 심판을 받게 된다. 그 정치인은 자신이 유리한 상황으로 말 바꾸기만 한 셈이다. 그래서 정치인들이 아무리 깨끗하고 바른 정치를 하겠다고 떠들어도 국민들은 그 말을 사실로 받아들이지 않는다. 이미 여러 번 그런 말에 속아 왔기 때문이다.

우리가 거짓말을 할 때도 말의 일관성이 없어진다. 아무리 천부적인 말솜씨를 뽐내는 사람이라도 거짓말을 할 때는 허점이 드러나기 마련이다. 하물며 보통 사람들이 거짓말을 하다 보면 앞뒤가 맞지 않는 것은 당연한 결과이다. 자신이 한 말을 제대로 기억하지도 못해 다음 날에는 또 다른 거짓말을 해야 한다. 그래서 거짓말을 잘하려면 기억력이 뛰어나야 한다는 말도 있지 않은가.

또한, '저녁에 다르고 아침에 다르다.'는 말처럼 자고 나면 마음이 바뀌는 변덕스런 사람의 말에도 일관성이 없다. 예를 들어, 고부 간의 갈등 원인도 변덕스런 시어머니의 성격이 문제일 경우가 많이 있다. 물론 그 반대의 경우도 있지만 사람이 나이 들어가면서 온화해지기보다는 고집스럽고 변덕스러워지기가 더 쉽다. 그런데 변덕스런 직장 상사도 변덕스런 시어머니만큼 괴롭긴 마찬가지다.

김 대리는 이 과장이 급하게 불러서 가 보았다.
"김 대리, 이 서류 정리 좀 부탁해."
이 과장은 서류 한 다발을 내밀며 빨리 정리하라고 지시를 했다. 김 대리는 이 과장이 시킨 일을 하느라 다른 일은 하지도 못했다. 얼마 후 부장의 지시를 듣고 온 이 과장이 김 대리를 또 부르는 것이었다.

"김 대리, 지금 뭐 하고 있어? 이 기획안부터 다시 작성해야지?"

"아까 서류 정리하라고 해서 하는 중인데요."

"그것보다 이 기획안이 더 중요하잖아, 사람이 일의 순서도 모르나? 부장님한테 한 소리 들었잖아."

김 대리는 조금 전 자신이 지시한 것을 없었던 일로 하고 다시 새로운 일을 맡기는 이 과장을 이해할 수가 없었다.

말을 일관되게 하지 않는 사람은 상대를 어리둥절하게 만든다. 우리 주위에는 이런 사람들이 많다. 한 번 자신의 주위를 살펴보자. 혹시 자신도 그렇게 말을 일관되게 하지 않는 부류인지 점검해 보라. 만약 그런 경험이 세 번 이상 된다면 대책을 마련해야 할지도 모른다.

세일즈를 할 경우 한 상품을 가지고 일관성 없게 말하면 상품에 대한 신뢰도가 떨어진다. 타사 제품의 단점을 자사 제품에는 장점이라는 식으로 상품 설명을 하면 고객은 그 세일즈맨의 말을 이해할 수 없을 것이다. 한 입 갖고 두 말 하는 격이다. 무조건 고객이 상품을 사게 하는 데에만 열을 올려 자신이 무슨 말을 했는지조차 모르는 경우도 있다. 차분히 생각하며 고객의 질문에 일관성 있게 답변해야만 고객의 믿음을 얻을 수 있다.

이야기에 논리가 서지 않는 때도 일관성 있게 말하기가 어렵다. 똑같은 상황이라도 이 사람의 말을 듣고는 이렇게 이야기하고, 저 사람의 말을 듣고는 또 다르게 이야기하는 사람이 있다.

"당신의 의견은 도대체 뭐요? 왜 이랬다저랬다 하는 거요?"

그는 상대방에게 이런 핀잔을 듣게 마련이다. 자기 주관을 갖고
일관성 있게 말을 해야 상대방에게 신뢰를 줄 수 있다.

재치 키워드

말에 관한 명언

● 충고를 원하는 사람은 아무도 없다. 원하는 것은 협력뿐이다.
—존 스타인벡

● 마음을 사로잡는 달콤한 말이라면 믿고 인정해줄 만한 값어치가
있다. 그대 한번 한 말을 거듭 말하지 말라. 한번 음식을 먹으면 그
것으로 충분하다. —사디

● 좋은 말도 여러 번 하면 귀에 거슬린다(好歌長唱不樂). —중국 고사

● 인간은 생각하는 것이 적으면 적을수록 더욱 더 말이 많아진다.
—몽테스키외

실수를 인정하고
진심으로 사과한다

한 번 엎질러진 물은 담을 수 없다. 말이란 것도 한 번 내뱉고 나면 다시 삼키기 어렵다. 누구나 말실수를 한 후, 잠 못 이룬 적이 있었을 것이다. 친구나 동료 사이에 조그만 말실수로 관계가 멀어지기도 하고 비즈니스일 경우에는 엄청난 손해를 보기도 한다.

'세 치의 혓바닥으로 다섯 치의 몸을 살리기도 하고 죽이기도 한다.'는 옛말이 있다. 말 한마디 잘못해서 귀향을 가고 사약을 받았던 역사 속 인물이 얼마나 많은가? 또 우리의 현대사에서 말을 함부로 할 수 없었던 시기들이 있었지 않은가?

말이란 어떤 경우를 보더라도 신중하게 해야 한다. 그러나 사람의 입이니 실수를 하지 않을 수 없다. 더구나 말을 함부로 하는 사람은 실수를 할 확률이 높다. 말을 생각 없이 내뱉는 사람은 다른 사람에게 상처를 주는 말실수를 많이 한다.

미경씨는 절친한 동료 T와 함께 회사 휴게실에 앉아 있었다. 그 옆을 지나가던 남자 선배가 그녀에게 말을 건넸다.

"둘 다 얼굴이 푸석푸석해 보이네? 무슨 일 있어요?"

미경씨는 아무 생각 없이 어제 있었던 일을 그 선배에게 말했다.

"어휴, 글쎄 얘가 술 먹고 취해서 술 주정 다 받아주고 집까지 바래다주느라고 잠도 제대로 못 잤어요."

미경씨가 그 말을 하고 있는 동안 T의 낯빛이 변했다. T는 선배가 사라지자 미경씨를 흘겨보며 말했다.

"넌 어떻게 그렇게 말할 수 있니? 창피해 죽는 줄 알았어!"

"내가 뭘 어쨌다고?"

"너하고 다신 말도 하기 싫어!"

그 후 두 사람은 사이가 멀어져 말 한 마디하지 않는 사이가 되었다. 그러던 어느 날 미경씨는 다른 동료로부터 T가 그 남자 선배를 내심 좋아하고 있었다는 말을 들었다. T는 좋아하는 남자 앞에서 자신의 실수를 그렇게 떠들어대는 미경씨가 너무 밉고 서운했던 것이다.

그 사실을 알게 된 미경씨는 이메일로 자신의 실수를 용서해 달라는 사과 편지를 보냈다. 그러자 이메일을 받은 T도 미안하다는 메일을 보내왔다. 두 사람은 서로의 마음을 확인하고 예전처럼 다정한 사이로 돌아갔고, 미경씨는 그 남자 선배와 T가 자연스럽게 만날 수 있도록 자리도 마련해 주었다.

위와 같은 경우는 그래도 비교적 일이 잘 풀린 경우다. 어느 때는 말 한마디 실수로 평생 등지고 사는 일도 발생한다. 사람들은 자신이 남에게 상처를 준 말들을 금방 잊지만 자신이 남에게 상처받은 말은 쉽게 잊지 못한다.

비록 겉으로는 웃음을 짓고 지내지만 상대방이 언젠가 자신에게 했던 상처의 말들을 잊지 못해 진정으로 그 상대방을 용서하지 않는 경우도 있다. 그러므로 말을 함부로 해서 다른 사람에게 상처를 주는 일은 없어야 한다.

이진철씨는 승진에서 또 탈락하고 말았다. 이진철씨는 실망이 이만 저만이 아니었다. 회사 사람들 보기도 민망하고 아내에게도 미안한 마음뿐이었다. 또 자신이 한없이 작게 느껴져 비참하기까지 했다.

"또 미역국이야. 생일상 받는 것도 아닌데 매번 미역국을 먹으면 어떻게 해?"

입사 동기였던 김 과장은 이진철씨 속을 박박 긁는 소리만 했다. 순간 화가 난 이진철씨는 김 과장의 책상을 쾅 하고 발로 차고 밖으로 나왔다.

"아니, 저 사람이 어디에서 뺨 맞고 어디서 화풀이야?"

밖에서 그 소리마저 다 들은 이진철씨는 정말 회사에 다니기 싫어졌다. 당장이라도 사표를 쓰고 싶었다. 무엇보다 불난 집에 부채질하는 김 과장이 못마땅했다. 잠시 후 사무실 안으로 들어간 이진철씨는 김 과장을 불러냈다.

"아니, 자네 다른 사람들도 있는 데서 꼭 그렇게 얘기해야 돼?"

"그렇다고 남의 책상을 걷어차면 어떻게 해, 난 사실을 말했을 뿐인데……."

"뭐라고? 말 다 했어?"

두 사람 사이에 험악한 기운이 감돌았다. 동료들이 나와서 말리지 않았다면 큰 싸움으로 번졌을지도 모르는 일이었다. 그 뒤 이진철씨도 승진을 하였지만 김 과장과는 쌓인 감정이 풀리지 않아 말도 제대로 나누지 않는 사이가 되었다.

또한, 상대방의 말을 끝까지 듣지 않는 사람도 문제다. 대개 자신이 완벽하다고 생각하는 사람들은 다른 사람이 일을 제대로 하지 않는 것을 참아 넘기지 못한다. 더욱이 어떤 이유를 대는 것은 변명에 불과하다고 생각하고 아예 상대방의 이야기를 들으려 하지 않는다. 그러다 보면 정말 피치 못할 상황을 전해 듣지 못해 잘못된 판단을 하게 된다. 아무리 화가 나더라도 상대방 이야기를 끝까지 들고 잘잘못을 가려야 실수가 없다.

　실수를 하고 나서는 반드시 진심으로 상대에게 사과하라. 솔직히 자신의 실수를 인정한다면 상대방도 기꺼이 받아 줄 것이다. 바로 그 순간 사과할 기회를 놓쳤다면 이메일이나 전화, 편지 등을 이용해 차후라도 분명히 사과의 뜻을 전하라. 그래야 인간 관계를 회복하고 더욱 발전시킬 수 있다. 어떤 경우는 실수로 어그러졌던 관계가 사과를 한 후 더욱 돈독한 사이로 발전하기도 한다.

10 결론은 듣는 사람의 몫이다

"대화를 나누자."란 말은 말 그대로 '나'와 '상대방'이 허심탄회하게 이야기를 나누며 서로의 생각을 밝히고 결론을 이끌어내는 행위이다. 그런데 대화의 진정한 의미도 모른 채, 일방적으로 상대방에게 자신의 생각을 강요하는 경우가 허다하다. 어떤 경우에도 상대에게 강압적인 표현을 써서 자신의 생각을 강요하는 것은 바람직하지 않다.

직장 내에서도 그런 유형의 사람들이 있다. 팀을 이루어 일할 때 팀원간에 의견을 교환하기 위해 회의를 자주 갖는다. 이때 일방적으로 지시하길 좋아하는 상사는 팀워크를 생각하지 않는다. 단지 자신의 기획안을 그대로 팀원들에게 주지시킬 뿐, 다른 사람의 의견은 무시해 버리는 것이다. 회의는 있으나마나 형식상 하는 셈이다.

십대를 위한 잡지를 만드는 E잡지사의 최 팀장은 자기중심형 상사였다. 업무 일정을 잡을 때나 팀원간에 기획안을 회의할 때도 자기 의견만 내세울 뿐 다른 동료들의 의견을 무시하기 일쑤였다. 그러니 회의가 끝나고 나면 자연히 팀원들의 불만이 터져 나왔다. 그들은 최 팀장이 없는 자리에서 그런 불만들을 쏟아내고는 하였다.

"최 팀장 매번 왜 그러는 거야? 자기 안건만 관철시키려고 하니, 원!"

"그러게 말야, 아까 내가 말한 안건은 싹 무시하잖아. 회의는 왜 하나 모르겠어."

"의견을 내봐야 뻔히 무시할 텐데, 앞으로 회의 시간에 꿀 먹은 벙어리처럼 앉아 있기만 하면 되겠어."

최 팀장이 맡은 부서는 팀워크가 맞지 않아 하루도 바람 잘 날이 없었다.

이처럼 특정한 한 사람의 독단은 팀원들간의 갈등을 일으킬 수 있다. 더욱이 이미 결론을 내린 채 형식상 무의미한 회의를 하는 것은 시간 낭비일 뿐이다.

공통의 화제를 가지고 이야기할 때 자신이 그 문제에 대한 해결책을 가지고 있더라도 상대에게 무조건 강요해서는 안 된다. 모두들 제각각 생각이 다르고 나름의 가치관을 가지고 있으므로 대화의 테크닉을 높여 가장 합당한 의견을 선택해야 할 것이다.

결론을 내리는 것은 말하는 사람이 아니라 듣는 사람의 몫이다. 그것을 잊지 않으려면 상대와 객관적인 거리를 두고 이야기해야 한다. 지나치게 상대의 이야기에 빠져들어 감정적으로 변하면 상대가 말하는 의도와는 다르게 대화가 흘러갈 수가 있다.

예를 들어, 친구의 연애 고민을 들어주다가 "그 여자 하고 헤어져 버려, 그게 너한테 좋아."라고 말하면 상대는 오히려 어리둥절할 수도 있다. 그는 친구에게 위로를 받거나 조언을 구하려 한 것인데 자신의 의도와는 달리 섣불리 헤어지라고 말하니 어떤 마음이 들겠는가. 그는 그 친구를 오히려 믿을 수 없거나 서운하게 여기며 더 이상 자기 고민을 털어놓지 못할 것이다.

또한, 상대가 말이 채 끝나기도 전에 자기 생각대로 상황을 판단하고 결론을 내리는 사람도 있다. 지나치게 앞서가는 사람이다. 이런 유형의 사람은 상대가 무슨 말이 끝나기도 전에 성급하게 답변을 하고 자신이 결론을 내리기도 한다. 간단한 예로 점심메뉴를 고르는 데도 이런 유형의 사람은 동료에게 무얼 먹을지 물어보긴 하지만 이미 자기가 먹고 싶은 식당으로 발걸음을 옮기고 있을 것이다. 상대도 분명 생각할 줄 아는 사람이며 자신의 의견을 말할 권리가 있다. 사사건건 자신이 결론을 내릴 수 없다면 상대는 당신을 가까이 하기 싫어할지도 모른다.

결론을 내리는 것은 말하는 내가 아니라 나의 말을 듣는 상대방

의 몫이므로 말하는 사람이 자신의 결정을 강요해서는 안 된다. 그
것이 피차간에 유쾌하고 효과적인 대화를 나눌 수 있는 가장 확실
한 방법이다.

재치 키워드

처음 만나는 사람과 자연스럽게 대화하는 방법

1. 상대방의 장점에 대해 말한다.
2. 자신의 느낌을 솔직하게 말한다.
3. 관심을 끄는 주변상황에 대해 호기심을 나타낸다.
4. 나에 대한 정보도 상대에게 이야기한다.
5. 궁금한 점을 간략하게 정리하여 질문한다.

2 재치 있는 말도
성공의 전략이다

들으려 하지 않는 사람에게 말하기를 좋아하는 사람은 없다.
화살은 결코 바위에 꽂히지 않는다.
그것은 때로 그것을 쏜 사람에게로 도로 튀어간다.
—제롬

11 재치 있는 사람은 이렇게 말한다

어느 왕이 예언자들을 모조리 잡아 처형시키라는 명령을 내렸다. 예언자들이 불길한 예언으로 나라를 흔들고 사람들의 마음을 현혹시킨다는 죄목이었다. 왕의 명령 때문에 온 나라의 예언자들은 모두 감옥에 갇히거나 사형 당할 처지가 되었다. 드디어 그 나라에서 최고의 예언자로 통하는 예언자가 체포되었다. 왕은 자신이 직접 그 예언자를 심문하기로 했다.

"네가 진정 이 나라 최고의 예언자냐?"

"왕이시여, 사람들이 그렇게 말합니다."

"좋다. 네가 진정 최고의 예언자라면 어디 한번 맞춰 보거라. 너의 예언이 맞는다면 네 목숨은 물론 다른 예언자들의 목숨도 살려주겠지만 그렇지 못할 시에는 죽음을 각오해야 할 것이다."

"무슨 말씀이십니까?"

"예언대로라면 네가 얼마나 살 수 있을 것 같으냐?"

왕이 빈정대는 목소리로 물었다. 그러자 왕의 얼굴을 바라보던 예언자가 아주 정중하고도 낮은 목소리로 말했다.

"폐하, 제가 죽는 날은 정확하게 맞출 수가 없습니다."

"그래? 맞출 수 없다 이 말이냐?"

"하지만 폐하께서 돌아가시는 날만큼은 분명히 알 수 있사옵니다."

"무엇이? 내가 죽을 날을 알고 있다고? 그래, 내가 언제 죽는단 말이냐?"

"예, 폐하께서는 제가 죽은 지 3일 후에 승하하실 것이옵니다!"

그 말을 들은 왕은 경악을 감추지 못했다. 결국 왕은 모든 예언자를 풀어주고 말았다.

이것은 극한 상황에서도 조금의 흔들림도 없이 말의 전략을 세운 예언자의 승리였다. 자신이 죽은 지 3일 후에 왕도 죽는다는데 감히 왕이라도 예언자의 목숨을 함부로 벨 수 있겠는가 하는 배짱이 내던진 통쾌한 응수였다. 이 얼마나 멋지고 재치 있는 말의 전략인가.

'재능 있는 매는 발톱을 감춘다.'

이 말은 겸손함을 표현한 속담으로 정말로 힘이 있는 자는 자기 힘을 과시하지 않는다는 말이다. 말을 잘하는 사람은 자신이 한 말로 인해 상대방이 마음을 상하지는 않을까 충분히 생각하고 신중히 배려해서 말을 하는 사람이다.

주위를 돌아보면 신중하게 자신의 생각을 정리해서 말하는 사람도 많지만 예상외로 빈정대는 말투로 상대방을 화나게 하거나 상처 입히는 사람도 많다.

"그래, 너 정말 잘났어."

"나 신경 쓰지 말고 너나 잘해!"

"그런 거 누구는 못해? 웃겨 정말……."

이런 식으로 토를 달아 상대의 기분을 흐려놓는 사람은 무의식중에 상대방을 얕잡아본다던가 자신의 잘남을 드러내 보이고 싶어하는 얄팍한 마음이 잠재되어 있다고 할 수 있다.

우리가 어떤 사람에게 '말을 잘한다'고 표현하는 것은 어려운 말을 많이 할 줄 안다는 의미가 아니다. 듣는 사람의 눈 높이에 따라 적당한 단어와 적절한 비유를 사용하여 재치 있게 말하는 사람을 가리키는 것이다.

연세대학교를 설립한 언더우드 목사가 어느 날 한 교회를 방문했다. 개척교회인지라 그 교회에는 K목사 가족 3명만이 외롭게 지키고 있었다. 신도가 찾아오지 않아서 상심에 빠져 있는 K목사를 보고 언더우드 목사가 위로의 말을 건넸다.

"K목사님은 희망이 있으니 좋으시겠습니다."

"예? 신도가 없는데 희망이 있다니요?"

"지금은 신도가 목사님 가족 3명밖에 없다고 기운 없어 하시지만 여기서 더 줄어들 리는 없을 게 아닙니까?"

K목사는 고개를 끄덕이면서도 미심쩍은 표정으로 언더우드 목사를 바라보았다.

"앞으로 오직 신도들이 1명에서 10명으로, 다시 100명으로 늘어날 일만 남았는데 그것이 희망이 아니고 무엇이겠습니까?"

그 말을 들은 K목사의 얼굴이 환해졌다. 그는 용기 백배하여 목회활동에 전념하였다.

이와 같이 재치 있는 말은 상대방에게 절망과 고통마저 희망으로 상승시키는 역할을 하고 힘든 상황을 헤쳐나갈 수 있는 힘과 용기를 준다.

말은 세상을 살아가는 데 꼭 필요하다는 것은 누구나 알고 있는 사실이지만 말을 전략적으로 구사하며 사는 사람은 드물다. 비즈니스 관계에서는 효과적인 말이 곧 일의 성공과 결부되므로 곧 말을 잘하는 사람이 성공하는 사람이라 할 수 있다.

대화에 있어 단지 내 뜻만을 관철시키고자 한다면 그것은 실패를 자초하는 결과를 가져올 것이다. 내 주장만 하기보다는 상대에게 자신을 맞추는 전략으로 대화의 가능성을 열어두어야 한다. 자신의 입장보다는 상대의 입장이 되어서 상대를 배려하고 이야기를 진지하게 들어주다 보면 좋은 결과를 얻게 되는 것이다.

'개는 잘 짖어야 좋은 개이고, 사람은 말을 잘해야 똑똑한 사람이다.'

말을 잘한다는 것은 상대의 마음을 움직이게 하여 강한 욕구를 불러일으키는 전략을 쓸 줄 아는 것을 뜻한다.

늘 타인과의 관계 속에서 살아가야 하는 인간 관계는 신뢰를 기반으로 한다. 그 신뢰의 중심에 말이 있으니 상대방과 마음과 마음으로 대화를 나눠라. 상대의 의중을 파악하여 마음을 열 수 있게 말을 하는 것도 하나의 전략이다.

재치 키워드

재치 있게 말하는 전략

1. 적절한 비유와 알맞은 은유로 무장하라.
2. 효과적인 유머 한마디로 상대를 사로잡아라.
3. 고정관념에서 벗어나라.
4. 사소한 것이라도 상대의 관심을 끄는 화제를 놓치지 마라.
5. 대화의 분위기를 먼저 파악하라.

재치 있는 말솜씨가
천냥 빚을 갚는다

사람들은 누구나 맵거나 싱거운 말보다는 달콤하고 사랑스러운 말을 듣기를 원한다. 가슴에 울림을 주고 상대방이 매력을 느낄 수 있게끔 말하는 사람은 비즈니스를 할 때뿐만 아니라 일상생활에서도 좀더 행복하고 완성된 삶을 만들 수 있다. 그만큼 말솜씨가 중요하다.

말에도 맛이 있다. 다음의 일화를 보면 맛이 있는 말, 혹은 감칠맛이 느껴지는 문장이 얼마나 사람들의 가슴속을 파고드는지 잘 알 수 있다.

프랑스 미라보 다리 위에서 한 걸인이 구걸을 하고 있었다. 그는 앞을 못 보는 장님이었다. 걸인은 목에 '나는 태어날 때부터 장님입니다.'라는 문구를 적은 안내판을 걸고 있었다. 그런데 사람들은 그 걸인을 흘깃 보고는 그저 아무렇지도 않다는 듯 다리를 건넜다. 걸인의 찌그러진 구걸 통에는 동전 몇 개뿐이었다.

어느 날 점잖아 보이는 한 노신사가 미라보 다리를 건너게 되었다. 그도 역시 다른 이들과 마찬가지로 걸인의 목에 걸려 있는 문구를 보았다. 노신사가 걸인에게 다가가 물었다.

"이렇게 하루종일 구걸하면 얼마나 되지요?"

"하루종일 있어봐야 10프랑 정도가 고작이랍니다."

고개를 끄덕이던 노신사가 걸인의 손에 지폐를 쥐어주고는 걸인의 목에서 안내판을 벗겼다.

"왜 그러세요?"

"제가 돈을 좀더 벌게 해 드리지요."

노신사는 걸인의 목에 걸려 있는 안내판에 무슨 글인가를 써주고 갔다. 그리고 한 달이 지난 어느 날 노신사는 미라보 다리 위에서 그 걸인을 다시 만났다.

"요즘은 하루종일 구걸하면 얼마나 되지요?"

노신사의 목소리를 알아들은 걸인이 아주 반가운 표정으로 그의 손을 덥석 잡았다.

"아이고, 선생님 참으로 고맙습니다. 선생님께서 제 목에 새로 글을 써서 걸어주신 뒤로는 글쎄 하루에 50프랑씩이나 된답니다. 도대체 뭐라고 쓰셨습니까?"

"정말 잘 된 일이군요. 저는 단지 '봄은 오건만 나는 그 봄을 볼 수가 없습니다.' 라고 썼을 뿐입니다."

걸인은 노신사의 말을 듣고 그 자리에서 움직일 수가 없었다. '나는 태어날 때부터 장님입니다.' 라는 직설적인 표현보다 '봄은 오건만 나는 그 봄을 볼 수가 없습니다.' 라는 감성적 표현이 자신의 마음까지 울컥거리게 만들었기 때문이었다.

이렇듯 말에 따라 그 맛이 다르고 사람의 감정을 자극하는 정도도 다르다. 걸인이 태어날 때부터 장님이라고 아무리 말을 해도 사람들의 가슴엔 아무런 감흥도 일어나지 않는다. 하지만 그 아름다운 봄을 볼 수가 없다는 문구는 사람들에게 '저 걸인은 눈이 안 보여 아름다운 꽃송이를 볼 수 없다니 딱하기도 해라.' 라고 감성적으로 느끼게 만들어 그들의 심금을 울리는 것이다.

상대의 마음을 감동시키려면 딱딱한 표현보다는 감성에 호소하는 표현을 활용해야 한다. 정말 좋은 말이란 봄 햇살같이 따뜻하고 가을바람처럼 상쾌한 기분을 느끼게 하는 말이다. 사람의 감정을 흔드는 말, 가슴에 따뜻함을 느끼게 하는 말, 용기와 힘을 북돋아 주는 말들이 바로 상대에게 상큼하고 달콤한 맛을 전해줄 것이다.

"그 사람이 무엇을 하는 사람인가를 묻지 말라. 그가 어떤 사람인가를 물어 보라."

그 사람이 무엇을 하는 사람인가는 그리 중요하지 않다. 그가 고

위직에 있는 사람이건 사업적으로 성공한 사람이건 아니면 그저 평범한 사람이건 간에 그 무엇보다도 중요한 것은 사람의 됨됨이다. 상대방을 가장 잘 알 수 있는 방법 중의 하나는 그 사람을 직접 만나 대화를 나누는 방법이다.

사람의 말투에는 그 사람의 고향과 직업과 환경까지도 은연중에 나타난다. 하지만 말만 고상하게 한다고 해서 사람의 인품이 저절로 갖추어지는 것은 아니다. 말투에서 인품이 배어 나오는 것이 아니라 인품에서 말씨가 저절로 우러나오는 것이기 때문이다.

조선시대의 거상 임상옥이 홍경래의 난에 합세하는 것에 불복하자 홍경래가 한밤중에 그의 처소로 찾아왔다. 홍경래가 칼끝을 목에 들이대자 임상옥이 이렇게 말했다.

"예로부터 죽을 사람에게는 그 죽을 이유를 가르쳐 주는 것이 당연한 일이오. 그대가 정녕 내 목숨이 필요하다면 그 이유를 반드시 알아야 하겠소."

당당하게 죽음을 맞이하려는 임상옥의 태도에 마음이 움직인 홍경래가 차분하게 말하였다.

"그대는 못 봐야 할 것을 너무 많이 보았고 안 들어야 할 말을 너무 많이 들었소. 그대의 목숨을 가져가야만 내 동지들이 무사할 수 있소."

그러자 임상옥이 받아 말했다.

"나는 그대가 무슨 말을 하는지 모르겠소. 나는 아무 것도 보지 못하였으며 아무 것도 듣지 못하였소. 난 아무 것도 알지 못하고 그대가 누구인지도 모르오. 허나 만약 내가 죽어 발각된다면 그대는 날 죽인 살인자로 수배를 받게 되어 오히려 만천하에 그 정체를 드러내게 될 것이오. 자, 그러니 둘 중 하나를 택하시오. 나를 죽여 '하늘도 알고 땅도 알고, 나도 알고 그대도 아는 길'을 택하겠소, 아니면 나를 살려 '하늘도 모르고 땅도 모르고, 나도 모르고 그대로 모르는 길'을 택하겠소?"

홍경래는 칼끝을 치웠다. 임상옥의 정중하고 단호한 말에서 결연한 의지를 읽었음은 물론이요, 그가 얼마나 고상한 인품을 지닌 인물이며 현명한 사람인가를 느꼈기 때문이다.

자신을 죽이러 온 홍경래를 설득한 임상옥의 말이야말로 세 치의 혓바닥으로 자신의 목숨을 구한 현명한 말이었음은 두말할 나위가 없다.

만일 임상옥이 거친 말투로 홍경래에게 대들었다거나 비열한 말로 그를 비난했다면 그는 그 날로 목숨을 잃었을 것이다. 임상옥은 상술보다는 사람을 믿는 장사를 했던 사람이었다. 그러니 그의 인품이 어떠했으리라는 것은 짐작이 가는 바이다.

말은 이렇게 중요하다. 말은 앞에서도 이야기했듯이 사람의 감각을 자극하여 그 사람이 어떤 사람인가를 결정짓게 하기도 한다. 그러므로 말을 할 때 어떻게 재치 있게 자기 생각을 표현해야 하는지를 연구하고 자신만의 독특한 표현 방법을 가질 수 있도록 힘써야 할 것이다.

"말 한마디로 천냥 빚을 갚는다."

21세기 무한경쟁의 시대는 언어 표현 능력에 따라 성공과 실패가 달려 있다 해도 과언이 아니다. 그러기에 무엇보다도 자신의 말솜씨와 말투에 민감해져야 한다. 말을 재치 있게 하려면 먼저 세상을 아름답게 보는 마음을 가져라. 상대를 미소로써 따뜻하게 대하는 태도를 익히고, 부드러운 용어를 사용하라. 그런 사람이라면 누구나 상대방의 감성을 자극할 수 있는 교섭의 일인자가 될 수 있다.

감칠맛 나게 말하자

사람들은 모두 생긴 모습이 다르듯 개성도 다르고 성격도 다르고 살아온 환경도 다르다. 또한, 말투조차 남과 같을 수 없고 특징적인 말투로서 자신의 개성을 나타내기도 한다.

말은 곧 그 사람의 인격을 표현하는 수단이다. 말이 너무 많은 사람은 행동보다 말이 너무 앞서 실행이 적고, 말이 너무 없는 사람은 상대방을 긴장시키고 답답하게 한다. 보편적으로 사람들은 말을 많이 함으로써 자신의 행동이 말과 일치되지 않음을 두려워하게 된다. 언행일치(言行一致)라는 것이 그만큼 어렵기 때문에 진중한 사람은 결코 허튼 말을 하지 않기 위해 노력한다.

말을 어떻게 하느냐에 따라서 그 사람의 인격이 판가름되는 만큼 말을 할 때는 보다 차분하게, 또 이왕이면 감칠맛 나게 해야 한다.

같은 말이라도 딱딱하고 아무런 맛이 느껴지지 않는 것보다는 입안에 군침이 고이듯 상대의 가슴에 새콤한 맛을 느끼게 하는 것이 훨씬 매력적으로 보일 것이다.

꽃가게를 운영하는 은경씨는 사람을 만날 때면 언제나 웃는 얼굴로 아주 경쾌하게 인사를 한다.

"안녕하세요? 좋은 아침이죠?"

"오늘 바람이 아주 상쾌하군요. 무언가 좋은 일이 있을 것 같지 않아요?"

"행복한 시간 되세요."

그녀의 장점은 바로 상쾌한 목소리로 감칠맛 나게 말을 한다는 것이라 할 수 있다. 나는 언젠가 꽃다발을 선물할 일이 있어 그녀의 꽃가게를 들른 적이 있었다. 꽃집 문을 열고 들어서자 그녀가 환하게 웃으며 반겼다.

"어서 오세요."

그녀의 목소리엔 사람을 진심으로 환영하는 경쾌함과 사랑스러움이 묻어 나왔다. 내가 머뭇거리자 그녀가 상냥하게 말했다.

"꽃다발을 만드실 건가요?"

"그렇긴 한데 무슨 꽃이 좋을지……."

"꽃다발을 받으실 분이 여자 분인가요? 나이와 직업은요?"

꽃다발 하나를 만드는 데 상대의 나이와 직업이 왜 필요한지 내심 이상한 기분이 들었지만 그녀가 묻는 대로 꽃다발을 받을 상대방에 대해 간단히 알려 주었다. 무언가 잠깐 생각에 잠기던 그녀는 아주 조심스럽게 꽃송이들을 만지기 시작했다. 꽃다발을 다 만든 그녀는 내게 꽃다발 속의 꽃이 내포하고 있는 꽃말과 함께 그에 어울리는 카드 문구까지 작성해 주었다. 그제야 나는 그녀가 왜 꽃다발 받을 사람에 대해서 물어봤는지 이해가 갔고 그녀의 배려가 너무 고마웠다.

내게 꽃다발을 선물 받은 사람은 꽃말까지 알려주자 너무도 좋아했다. 그때부터 나는 은경씨의 꽃가게를 자주 이용하는 단골이 되었다. 그녀는 내가 꽃을 사면서 무슨 이야기를 중얼거리든 간에 아주 잘 들어준다. 아주 소중한 사람 대하듯 상대와 함께 한다는 인상을 주는 은경씨에게 사람들이 호감을 느끼는 것은 당연했다. 그녀는 올바른 화술, 즉 대화를 통한 교류가 상대에게 어떠한 영향을 미치는가를 잘 알고 있는 사람이다.

대화의 첫 번째 규칙은 상대의 말을 귀담아 듣는 것이다. 상대의 말에 귀를 기울여 듣고 있을 때는 많은 것을 배울 수 있다. 또한, 상대의 말을 주의 깊게 들으면 자신이 말할 차례가 왔을 때 요리조리 말솜씨를 살려가며 더욱 효과적으로 말할 수 있게 된다. 예를 들어, 상대의 어투를 들으면서 딱딱하거나 지루하다고 느꼈다면 바로 '나는 저렇게 말하지 말아야지.' 하고 반성을 하게 되니 그 또한 도움이 되는 일이다.

　남들에게 자신의 좋은 장점을 보여주고 싶다면 자신의 자연스러운 모습을 보여주고 말투 또한 억지스럽게 꾸미지 말아야 한다. 대화 도중 말이 꼬이는 경우가 생기면 굳이 감추려고 하지말고 "너무 긴장해서 혀가 굳었나봐요. 이해해 주세요."라고 말해보자. 상대를 쳐다보며 조금은 부끄러운 듯한 미소를 지으면 더욱 좋다. 그저 "긴장이 많이 되는군요."라는 딱딱한 말보다 "긴장해서 혀가 굳었나봐요."라고 말하는 것이 훨씬 감칠맛 나고 상대로 하여금 친밀감을 느끼게 하기 때문이다.

　우리는 사람의 온기를 느끼며 살아간다. 아무리 인터넷으로 세상의 모든 일을 손바닥 보듯이 알게 되고 온갖 정보를 앉은자리에서 얻는다 해도 역시 사람에겐 사람의 따뜻함을 느낄 수 있을 때가 가장 행복한 법이다. 사람과 사람이 만났을 때, 상대가 내게 다정한 말을 건네고 유머 한마디로 웃게 만든다면 그 사람을 좋아하지 않을 수가 없을 것이다. 되도록이면 딱딱한 어투를 삼가고 감칠맛 나는 말로 상대가 행복을 느끼게끔 하는 것이 곧 나의 행복이다.

　인간 관계와 말은 불가분의 관계에 있다. 상대방을 탐색하는 것도 결국은 상대방의 말속에서 정보를 얻는 것이라고 볼 수 있다. 물론 상대방의 현재 생활, 직업, 옷차림, 행동 등으로 정보를 얻을 수도 있겠지만 그보다는 상대방의 몸에 자연스럽게 배어 있는 말투에 따라 그의 이미지가 많이 결정된다고 해도 과언이 아니다.

그런데 사람의 말투는 하루아침에 만들어지는 게 아니다. 어릴 적부터 가정이나 학교 등 주위 환경에 의해 자연스레 말투가 익혀지는 것이며, 성인이 되어서는 사회생활이나 인간 관계에 따라 영향을 받는다. 그러므로 웬만한 노력 갖고는 나쁜 말투가 쉽게 바뀌어지기 어렵다. 항상 자신의 말투에 신경 쓰는 노력을 게을리 하지 말자.

상큼한 레몬 맛을 느끼게 하는 말, 시원시원 기분을 풀어 주는 말, 행복을 느낄 수 있는 따뜻한 말. 이처럼 상황에 맞는 좋은 말은 약해진 마음에 새로운 힘을 준다. 사람은 유유상종, 끼리끼리 모이는 경우가 많다. 감칠맛 나는 사람끼리 모여 감칠맛 나는 대화를 나누다 보면 이 세상에서 모든 언어폭력이 사라지지 않을까?

14 싱거운 말, 쓴 말은 입맛을 떨어뜨린다

키가 큰 사람이 알맹이 없는 말을 했을 때 사람들은 보통 "키 큰 사람 치고 싱겁지 않은 사람 없다더니, 그 사람 싱겁기는……." 하고 말한다. 반대로 키가 작고 단단하게 생긴 사람이 야멸 차게 말을 할 때에는 "아이고, 작은 고추가 맵다더니 말도 몹시 맵고 쓰네." 하고 말한다.

같은 말이라도 싱겁게 들리는 말이 있는가 하면 고추보다 더 매운 맛이 나는 말이 있고 솜사탕처럼 달콤한 말도 있다.

거래처의 김 부장은 매사에 싱겁기로 소문이 난 사람이었다. 그렇다고 김 부장이 일에 관해서도 싱겁고 무능한 것은 아니었다. 그는 오히려 일에 관한 한 아주 철두철미한 사람이었다. 조금의

착오도 없이 일을 착착 진행시켜 일의 완성도에 관해서는 거래
처에서 그를 따라갈 만한 사람도 드물었다. 다만 상대방을 만났
을 때, 조금은 싱거운 말로 상대의 마음을 편안하게 해 주려는 의
도가 있기에 싱거운 사람으로 소문이 난 것뿐이었다.

김 부장은 항상 자신을 특공대 출신이라고 말했다. 하루는 진짜
특공대 출신인 박 대리가 궁금증을 견디다 못해 김 부장에게 용
기를 내어 물어 보았다. 평소 김 부장의 모습을 보아서는 특공대
출신일 것 같지가 않아서였다.

"저, 부장님이 특공대 출신이라는데 맞나요?"

"그런데, 왜?"

"혹, 어느 부대?"

"자네, 특공대 모르나?"

"네?"

"특별히 공부도 못하는 것이 머리만 컸다는 뜻이네. 학교 다닐
때 내 별명이 특공대였거든."

"네에?"

아무렇지도 않게 그 말을 던지고 다시 서류철을 들여다보는 김
부장을 바라보며 박 대리는 픽 하고 웃을 수밖에 없었다.

"고기는 씹어야 맛이고 말은 해야 맛이다."

같은 말이라도 상대의 마음에 흡족하게 파고드는 말이 되어야 함

은 물론이다. 인간은 이성과 감성을 동시에 지니고 있기 때문에 상대의 감성과 이성을 자극하는 말, 상대가 인상깊게 받아들일 수 있도록 말을 하는 것이 중요한 전략이 된다. 그러므로 비즈니스 관계에서 너무 싱거운 말은 상대방에게 깊은 인상을 주지 못하는 경우도 있다.

싱겁게 말하는 사람은 대개 상대방의 신경을 거슬릴 만한 말은 잘 하지 않는 온화한 유형에 속한다고 할 수 있다. 하지만 싱겁게 들리는 말은 자칫 초점이 응축되어 있지 못하다는 느낌을 주게 되고 일이 잘 마무리되지 못한다는 인상을 남길 수가 있다.

싱거운 말은 또한 상대방에게 '저 사람은 말주변이 없는 사람이군.' 하는 이미지를 남기게 되기 쉽다. 친구들 간에 유머를 섞어가며 싱거운 말을 하면 마음의 여유가 있어 보이는 효과가 있을지 모르지만 비즈니스상에서 너무 싱거운 표현은 대화의 흐름을 놓치기 쉬우므로 조심해야 한다.

반대로 상대방이 인상을 쓸 정도로 너무 쓰게 말하는 사람이 있다. 이런 사람은 주변 환경이나 말본새에 무신경해 상대방의 신경을 거슬리게 하는 유형에 속한다.

이웃에 살면서 가끔 인사만 나누는 L씨가 있다. 사람들은 모두 그와의 대화를 꺼리는데 거기엔 그만한 이유가 있다. 그와 대화를 나누는 동안 단 한마디라도 그의 쓴 소리를 꼭 들어야 하기 때문이었다.

길에서 그를 만나 인사라도 할라치면 그는 우선 상대의 위아래를 훑어보고는 고개만 간신히 까닥거리기 일쑤였다. 반갑게 인사를 해도 모자랄 지경에 위아래로 훑음을 당하는 상대방은 기분이 썩 유쾌할 리가 없다.

"점심 식사는 하셨습니까?"

"지금 시간이 몇 신데 밥 타령이오?"

그러면 상대방은 머쓱해져서 다음부터 그를 만나게 되면 간단히 목례만 하고 지나갔다.

하루는 L씨의 친구가 조금 밝은 감색의 새 양복을 입고 모임에 나왔다. L씨는 당연히 친구를 머리부터 훑어보고는 역시나 한마디했다.

"양복하고는……지금 그 색깔이 자네에게 어울린다고 생각하나? 사람이 나이 값을 못하고……쯧쯧쯧."

혀까지 차는 L씨를 바라보며 그 친구는 간신히 울화를 참았다.

싱겁게 말하는 것을 듣고 인상을 찡그리며 화를 내는 사람은 없지만 쓴 소리를 듣고 기분 좋은 사람은 아무도 없다. 쓴 소리는 우정을 지켜나가거나 비즈니스를 하는 데 있어서도 결코 좋은 대접을 받지 못한다.

대화를 나눌 때는 말하는 것도 중요하지만 태도와 표정도 말의 내용 못지 않게 중요하다. 상대에게 '싫다' 라는 기분을 갖게 하면 아무리 애를 써도 일을 성사시키기는 어렵다.

상대의 기분이나 상황을 가능한 많이 알고 이해해 주는 것이 배려이다. 상대방을 배려하는 마음이 있다면 중요한 자리에서 절대로 기분 나쁘거나 쓴 소리는 하지 않을 것이다.

진실한 관계라는 것은 상하관계도, 이해관계도 없는 관계이다. 일방적인 부담이나 희생을 동반하지 않는 관계이기도 하다. 상대방에게 당신의 진실을 제대로 전달할 수 있는 방법은 싱겁지도 않고 쓰지도 않은 말투에 진정한 마음을 담아 말하는 것이다.

사람들이 대화할 때 갖는 두려움은 상대방이 자신의 뜻을 제대로 받아들이지 못하거나, 혹은 옳은 것을 잘못된 방식으로 말하지 않을까 하는 염려에서 온다. 싱겁거나 쓰게 말하는 것도 마찬가지이다. 감정의 고조를 적절히 컨트롤하면서 이야기의 주제를 놓치지 않으려고 노력한다면 결코 싱겁거나 쓴 말은 나오지 않을 것이다. 또 싱거운 말이라도 짧은 문장으로 끊어서 간결하게 이야기한다면 깊은 인상을 남길 수 있다.

지금은 모든 것이 전문가 시대라 할 수 있다. 누구나 어느 방면에 자신 있는 것이 한 가지씩은 있기 마련이다. 말도 마찬가지이다. 어디서나 말 잘하는 사람은 환영받고 사람들을 끌어 모은다는 것을 알 수 있다.

말 잘하는 능력은 결코 타고나는 것이 아니다. 다른 일과 마찬가지로 오랫동안 갈고 닦아야 길러지는 것이다. 말본새도 노력해야 좋아진다. 노력하라. 그러면 당신도 반드시 재치 있게 말 잘하는 사람으로 우뚝 설 수 있다.

재치 키워드

나쁜 언어 습관 고치는 법

1. 자신의 말을 녹음하고 반복해서 들어라.
이렇게 녹음해서 들어보면 자기 목소리가 낯설게 느껴지고 자신의 말투나 습관적으로 쓰는 말버릇이 어떤지 알 수 있다.

2. 친구나 동료에게 모니터를 부탁하라.
말하는 도중에 쓸데없는 말을 집어넣으면 즉시 지적해 달하고 부탁하라. 효과가 클 것이다.

3. 말 잘하는 사람이라고 소문난 사람을 따라해 보라.
그와 자신의 말솜씨를 비교하면서 특징을 잡아서 말하기에 적극 응용해 보라.

15 좋은 말솜씨는 자기 입맛보다 상대를 먼저 생각한다

"상대의 관심을 끌려면 그에게 관심을 가져라."

이것은 데일 카네기의 말이다. 대화에서 가장 중요한 것은 역시 상대의 관심을 얼마나 이끌어 내느냐 하는 것에 있다고 할 수 있다. 요지부동인 상대의 마음을 열게 하고 일의 성취도를 높게 하는 것이 바로 대화의 기술이다.

대화는 이야기를 나눌 상대가 있을 때 가능하다. 그러므로 상대의 관심을 이끌어 내기 위해서는 내가 먼저 상대의 기호를 파악하고 있어야 한다. 대화할 때 상대에 대한 배려보다 자신의 이야기에만 급급하다 보면 상대는 틀림없이 지루함을 느낄 것이고 당신에 대한 호의를 접을 것이다.

그러므로 자기 입맛에 맞춰 말하는 것을 먼저 자제하라. 이때 나보다 상대방의 입맛에 맞추어 말하려면 우선 다음의 기본적인 것을 숙지하여야 한다.

첫째, 상대방이 대답하기 좋아하는 질문을 하라.

상대방이 대답하기 좋아하는 질문을 하는 것은 몹시 중요하다. 말을 잘한다는 것은 결국 상대방이 무엇을 요구하는지를, 혹은 자신이 상대방에게서 무엇을 얻어내야 하는지를 잘 알고 있다는 것과도 밀접한 연관이 있다.

"저, 오아시스란 영화 보셨나요?"
"전, 영화를 좋아하지 않습니다."
"어휴…… 그래도 좋은 영화는 꼭 봐야 하지 않나요. 그런 영화를 안 본다면 어디 요즘 문화인이라고 할 수 있겠어요?"

위와 같은 식의 대화를 이끌어 나간다면 영화를 보지 않았다고 해서 졸지에 비문화인이 되어버린 상대방은 기분 나빠할 것이 분명하다. 그런 대화는 하지 않느니만 못하다. 그러면 이런 식으로 대화를 이끌어 나가는 것은 어떤가?

"요즘도 골프 자주 치십니까?"
"아, 뭐. 시간이 없어서……."

"그래도 날이 이렇게 좋은데 가끔 필드에 나가시지 그러세요."

"그렇지요? 요즘이 골프 치기엔 아주 그만인 날씬데…… 언제 같이 가시겠습니까?"

상대방은 당신에게 금세 호의를 느낄 것이다. 상대의 마음을 움직이려면 대화의 흐름을 잘 잡아야 한다. 상대방의 개성을 존중하고 상대를 내 의지대로 하려고 해서는 안 된다. 대화의 시작은 상대에게 안도감을 줄 수 있는 내용이어야 하지만 결국엔 상대의 기분이나 화술을 존중해 주는 대화를 나누어야 한다.

둘째, 상대방이 이룩한 성취에 대하여 말하라.

일반적으로 사람들은 '간단하게 말하자면…….' 이라고 한 다음 길게 말하는 버릇이 있다. 더더욱 자신이 이룩한 사업이나 일에 대해서 이야기할 때는 그 말이 언제 끝날지 알지 못하는 경우가 많다.

"제가 말이지요, 조그만 사업이라고 섣불리 덤볐다가 아주 큰 낭패를 보았답니다."

"그러십니까? 아주 어려운 시기를 슬기롭게 넘기셨군요."

"그렇지요, 재기하는데 아주 어렵고 힘들어 별의별 생각이 다 들었었지요."

"그걸 견디어 내고 이렇게 다시 훌륭하게 사업체를 일으켜 세웠으니 참 존경스럽군요."

자신이 이룩한 성취에 대하여 경청하기를 바랐던 상대방은 아주 흐뭇한 마음으로 당신을 바라보며 당신과 많은 일을 의논하고 싶어 할 것이다. 사람은 누구나 자신이 이룩한 일을 자랑하고 싶은 마음이 있기 때문이다. 상대는 자신의 말을 진지하게 들어주고 논리적으로 조리 있게 상황을 판단해 이야기하는 당신에게 상당한 신뢰와 호감을 보내 올 것이다.

상대가 아무리 긴 말을 하더라도 지루하다는 표정을 짓지 말고 끝까지 경청한 다음 당신의 얘기는 짧게 하라. 그래야 상대에게 당신의 존재를 강하게 심어줄 수 있다.

셋째, 상대방과 관련 있는 문제를 이끌어내라.

당신과 대화하고 있는 상대방은 당신이나 당신의 문제보다는 자신의 희망이나 자신의 문제에 백 배나 더 관심이 많다는 사실을 명심해야 한다.

인간은 누구나 자기중심적이기 때문에 세상에서 가장 귀중한 것은 그 무엇보다 자기 자신이라 여긴다. 때문에 대화를 나눌 때도 자신의 논리만 강조하게 되는 현상이 나타나게 된다.

언어의 목적이 상대에게 내가 하는 말을 이해시키는 데 있다는 것은 모두가 잘 알고 있는 사실이다. 하지만 그것을 항상 내 쪽에서만 그렇게 생각한다는 데 문제가 있다. 입장을 바꿔서 상대도 역시 나를 이해시키려고 한다는 것을 명심하여야 한다. 상대의 생각과 상대가 원하는 게 무엇인지 먼저 파악하라. 그 다음 그의 입장에서 한 번 생각해 보고 대화를 나누는 것이 이치에 맞고 논리에 맞는 대화를 이어가는 데 도움이 된다.

또한, 당신이 잘 모르는 일을 상대방이 잘 알고 있으면 괜히 아는 척하지 말고 한 수 접고 들어가라. "나는 당신보다 한 수 아래입니다." 하고 상대가 하는 말을 인정해 주고 의견을 들어준다면 상대는 속 깊은 이야기까지 털어놓을 것이다.

인간은 누구나 편안하게 사귈 수 있고 재미있는 사람을 좋아한다. 자신에게 해롭지 않고 오히려 즐거움과 편안함을 주는 상대가 인기 있는 게 당연하지 않은가. 나보다 먼저 상대를 생각하고 배려하면서 말하는 습관을 들이자. 이 세상에는 좋은 말로 해서 안 풀리는 문제가 별로 없다.

상대를 칭찬해 줄
재료를 찾자

데일 카네기는 사람들에게 항상 이렇게 말했다.

"당신은 물고기를 잡을 때 무엇을 미끼로 씁니까? 당신이 치즈를 좋아한다고 해서 물고기에게 치즈를 던진다면 물고기는 잡히지 않습니다. 당신은 싫어해도 물고기가 좋아하는 지렁이를 주어야만 물고기를 많이 잡을 수 있습니다."

이 말은 상대방과 대화를 나눌 때에도 어김없이 해당된다. 비즈니스에서 상대방이 흥미 없어 하는 이야기만 하고 있다면 당신은 상대와의 협상에서 이미 실패한 것이나 다름없다. 대화의 목적은 상대를 설득하는 것이고, 그 결정권은 말하는 화자에게 있는 것이 아니라 듣는 청자에게 있기 때문이다.

대화에서 상대방을 칭찬하는 것은 아주 중요하다. 인간에겐 누구나 할 것 없이 타인으로부터 인정받고자 하는 갈망이 있고 칭찬 받기를 원한다. 내 자신이 칭찬 받기를 원한다면 상대방도 마찬가지로 역시 칭찬 받기를 원할 것이다.

그렇다고 해서 무조건 상대방이 좋아할 만한 것을 찾아 비위를 맞추라는 것은 아니다. 비위를 맞추는 것, 듣기 좋은 말로 상대방을 치켜세우는 것은 아첨과 상통한다. 비위 맞추는 것과 칭찬은 분명 다르다. 칭찬은 마음에서 우러나오는 대로 상대의 장점과 미덕 그리고 삶의 가치를 인정하는 것이다.

과일가게 C씨는 아주 평판이 좋은 사람이다. 그렇다고 그가 다른 사람보다 특별하게 무엇인가를 하는 것은 아니다. 단지 그는 사람들에게 늘상 웃는 얼굴로 좋은 말을 한다.

아이에게 과일을 사오라고 심부름을 시키면 심부름 시켰다고 뾰로통해진 아이가 과일을 사 가지고 집에 와서는 얼굴이 환해진 것을 볼 수 있다.

"무슨 좋은 일이라도 있었니?"

"과일가게 아저씨가 심부름 잘한다고 칭찬해 주셨어요."

"그래? 심부름하기 싫다고 뾰로통하더니?"

"칭찬 받으니까 기분이 싹 풀리던걸요."

"그래, 과일이 아주 맛있게 생겼구나. 수고했다."

그는 과일을 사러 온 아이들에게 심부름 잘한다고 칭찬하는 것은 물론이고, 과일도 좋은 것만을 골라준다. 또한, 누가 시키지 않아도 과일가게 근처는 언제나 휴지 한 장 없이 깨끗하게 청소하기를 주저하지 않는다. 그 모습을 보고 지나가던 사람이 휴지 한 장이라도 주워들면 그는 어김없이 이렇게 말한다.

"고맙습니다. 덕분에 아주 깨끗해졌네요."

휴지를 집어든 사람은 기분이 좋아지기도 하고 다음부터는 쓰레기를 버리지 말아야지 하는 생각을 절로 하게 된다.

미국의 사업가 존 워너 메이커는 이렇게 말했다.

"남의 단점을 꼬집는 것은 자신에게 아무런 도움이 되지 못한다. 비난받은 사람은 곧 방어 태세를 갖추고 어떻게든 자기를 정당화하려 할 것이다. 더구나 자존심이 상한 상대방은 결국 반항심을 갖게되어 필사적으로 당신을 공격해 올 것이다."

상대의 단점을 비판하는 것보다는 상대의 장점을 찾아내 칭찬하는 것이 훨씬 더 유익하다. 칭찬은 상대의 마음을 부드럽게 하고 당신에게 호감을 갖게 하는 효과가 있다. 사람들을 만나 대화를 나누다 보면 누구나 장점과 단점을 가지고 있다는 것을 알 수 있다. 단점도 시각을 달리해 보면 그 사람의 장점이 되기도 하고 무조건 장점이라고 생각했던 것이 어느 날엔 단점으로 보여지기도 한다. 만약 그가 유머를 잘한다면, 그것이 조금 지나치더라도 그것을 단점으로 여기지 말고 기꺼이 칭찬하라.

"어쩜 그렇게 말씀을 재미있게 잘하시는지…… 정말 부럽습니다."

"제가 좀 주책이죠?"

"아닙니다. 주책이라니요. 요즘은 유머 있는 남자가 최고 인기라지 않습니까?"

"그런가요? 하하!"

"유머도 아무나 하는 게 아닌 거 같습니다. 우선 말도 잘해야 하지만 유머를 만들어내기 위해서는 머리도 좋아야 하지요. 책도 많이 읽어야 한다면서요?"

"뭐, 좀 읽어야지요."

"아이고, 이거 정말 대단하십니다."

상대방은 당신의 칭찬에 어깨가 으쓱거릴 것이며 다음엔 좀더 재미있는 유머를 구사하기 위해 노력할 것이다.

상대를 칭찬하는 데 인색하지 말라. 칭찬은 다른 사람의 눈에 자기가 어떻게 비치고 있느냐 하는 커다란 관심사이므로 남의 평가를 전하는 형식을 취하는 것이 좋다. '칭찬하기'는 사람을 긍정적인 방향으로 인도하는 효과가 있다. 상대의 특성을 살리고 결점을 보완하는 대화를 적절하게 배합한다면 비즈니스는 성공할 것이고 당신은 말을 잘하는 사람, 신뢰와 호감을 주는 사람이 될 것이다.

단 한 번뿐인 인생을 풍요롭게 살고 싶다면 사람들을 많이 만나고 경험하는 것이 좋다. 만남을 통해 사람들과 교류하면서 '저 사람은 참으로 괜찮은 사람이야.' 라고 상대방으로부터 인정받는 것은 참으로 멋진 일이다. 그러려면 우선 상대방을 진심으로 칭찬하는 데 익숙해져야 한다.

재치 키워드

칭찬을 잘하는 방법

1. 자신 있는 어투로 상대를 칭찬하라.
2. 칭찬과 아부를 혼동하지 말아라.
3. 적절한 순간에 칭찬을 해야 효과가 크다.
4. 직접적인 표현보다 간접적인 칭찬이 더 효과적일 때가 있다.
5. 본인도 미처 모르고 있는 부분을 칭찬한다(당신에게 이렇게 좋은 점이 있어요. 열심히 하고 있으니 틀림없이 잘 될 거예요).

17 유머와 제스처는 훌륭한 조미료다

인간 관계가 뛰어난 사람의 특징은 부드러움과 특유의 유머감각에 있다. 부드러운 표정과 목소리로 유머러스하게 말하는 사람을 싫어할 사람은 없다. 상대방과 대화를 나눌 때 대화의 내용이 너무 딱딱하거나 잠시 침묵이 흐르는 순간에 유머는 아주 훌륭한 윤활유 역할을 한다.

어느 날 버나드 쇼에게 한 남자가 물었다.
"당신에게 가장 영향을 끼친 책은 무엇입니까?"
버나드 쇼는 천연덕스럽게 대답했다.
"아마 은행통장일걸요? 펴보면 펴볼수록 힘이 생기죠."

참으로 유머러스하고 통쾌한 대답이 아닐 수 없다. 이와 같이 유머감각은 경직되어 있는 대화를 멋지게 상승시키는 효과가 있다.

어느 날 버나드 쇼와 친구인 찰스 다튼이 만났다. 버나드 쇼는 깡마른 체구인 반면에 작가인 찰스 다튼은 비만에 가까운 거구의 몸집이었다. 찰스 다튼이 너무 깡마른 버나드 쇼가 안쓰러워 한마디했다.

"남들은 우리나라가 대기근에 시달리는 줄 알겠어, 자넬 보면 말이야."

그 말을 들은 버나드 쇼가 찰스 다튼을 쳐다보며 싱글거리는 투로 말했다.

"남들이 보면 자네 혼자 대기근을 일으켰다고 믿을 걸세. 내 기근의 실체가 자네한테 다 있지 않은가?"

이 얼마나 재치 있는 응수인가. 만약 마른 몸을 주제 삼아 유머를 던졌을 때, 버나드 쇼가 자존심 상하고 기분 나빠했다면 말한 사람도 그렇거니와 주위 분위기는 아주 썰렁했을 것이다.

찰리 채플린은 희극영화의 대명사이다. 그의 사생활은 그의 독특한 유머만큼 즐겁지만은 않았다고 하지만 앞이 뾰족한 큰 신발을 신고 뒤뚱거리는 걸음과 코믹한 표정은 사람들의 뇌리에 각인되어 쉽게 잊혀지지 않았다. 그가 아직도 사람들에게 희극영화의 대명사로 기억되는 것은 영화의 내용이 탁월했기 때문이기도 하지만 채플린 그만의 독특한 표정과 몸짓 때문일 것이다.

군이 외국의 사례를 들지 않더라도 우리 선조들 중에도 뛰어난 유머감각을 지녔던 사람들이 많다. 유머하면 빼놓을 수 없는 분이 바로 오성 이항복이다. 이항복의 재치와 유머는 많은 사람들의 입에 오르내렸다.

임진왜란 때의 일이다. 위기에 몰려 선조 임금을 모시고 피난을 가면서도 중신들이 서로 삿대질을 하며 갑론을박을 벌였다. 그때 갑자기 오성대감 이항복이 벌떡 일어서더니 느닷없이 "원통하다!"는 말을 되풀이했다. 당쟁을 막는 말을 할 줄 알고 기다리던 선조와 중신들이 깜짝 놀라 물었다.

"원통하다니, 도대체 그게 무슨 말이오? 답답하오, 무엇이 원통하다는 것인지 어서 말 좀 해 보구려."

"이렇게들 싸움을 잘할 줄 알았으면 동인들로 하여금 동해를 막게 하고, 서인들로 하여금 서해를 막게 할걸 그랬소이다. 그랬다면 왜놈들 따위가 어찌 싸움 잘하는 중신들이 두려워서 조선 땅에 발을 들여놓을 수 있었겠소? 그 사실을 이제야 깨달았으니 이 얼마나 원통하고 분한 일이오. 너무나 원통하오이다."

서로 잘났다고 싸우던 중신들은 이항복의 가슴을 찌르는 말 한마디에 차마 고개를 들지 못했다.

위의 이야기는 신중하고 정곡을 찌르는 유머가 질책보다는 훨씬 효과적임을 보여주는 좋은 사례라 할 것이다. 사리에 맞는 재치 있는 말은 이와 같이 사람들의 속마음까지 파고들어 따끔한 회초리 노릇까지 하게 된다.

심리학에서 보면 인간의 행위가 감정을 지배한다고 한다. 기분이 좋지 않아도 큰소리를 내서 웃으면 그 웃음소리에 지배되어 기분도 밝아진다는 것이다. 유머와 제스처는 대화의 의미를 더 넓고 깊게 만들어서 대화를 더욱 풍요롭게 만들어 준다. 대화에서는 말도 중요하지만 그 밖에 밝고 부드러워 보이는 외모, 편안하고 자연스런 표정, 동작, 시선, 침묵도 표현의 한 방법이다.

유머를 구사하면서 제스처를 사용할 때는 너무 움직임을 크게 하는 것은 좋지 않다. 과장된 몸짓은 웃음을 유발하기보다는 사람을 허풍쟁이처럼 보이게 한다. 과장된 표정보다는 약간 썰렁한 표정이, 큰 동작보다는 작은 동작이 훨씬 더 사람들의 마음을 움직인다.

딱딱한 대화 도중에 적절하게 사용되는 유머와 제스처가 갖는 웃음의 효과는 결코 적다고 할 수 없다. 상황에 맞게 사용하기만 하면 때로는 생각보다 훨씬 큰 효과를 가져 올 수도 있다. 엄밀하게 말하면 유머와 제스처는 이미지 전달효과를 높이기 위해 필요한 보조적인 수단일 뿐이지만 모든 사람들에게 긍정적인 사고를 갖게 하는 역할을 하므로 꼭 필요한 수단이라 할 수 있다.

비즈니스상의 만남은 친구간의 만남과는 성격을 달리하므로 분위기가 딱딱해지기 쉽고 실리적이다. 사업상담 때문에 만나 대화를 나누는 과정에서 적당한 유머와 제스처를 써가며 부드러운 자리를 마련하는 것은 결코 쉽지 않은 일이다. 그래서 대인관계 업무에 종사하는 사람들에게 유머는 아주 중요하다고 할 수 있다. 유머는 대화에 있어 논쟁을 예방하며 격의를 없애주고 분위기를 부드럽게 감싸주는 효과를 발휘하기 때문이다.

재치 키워드

유머에 관한 명언

● 진실된 유머는 머리로부터 나오는 것이 아니라 마음으로부터 나온다. 말의 노예가 되지 말라. 상대방과의 언쟁에서 화를 내기 시작하면 그것은 자기를 정당화시키기 위한 언쟁이 되고 만다.
—영국의 사상가 토마스 칼라일

● 적절한 유머는 사교 무대에서 당신이 차려입은 의상보다 훨씬 멋지고 화려한 장식이다. —사커 레이

● 인간이란 뭔가 재미있는 이야기를 듣고 한바탕 웃고 나면 서로의 관계가 더욱 좋아지는 법이다. —블루스 버튼

상대의 얼굴은
대화의 차림표다

추억의 명작 〈바람과 함께 사라지다〉라는 영화를 생각하면 무엇보다도 여주인공 비비안 리의 탁월한 연기와 눈매를 먼저 떠올리게 된다.

비비안 리가 영화의 주연배우를 뽑는다는 말을 듣고 영화사로 찾아갔다. 그런데 오디션을 보고 나자 감독이 고개를 설레설레 흔들었다.

"미안하지만 여주인공으로는 어울리지 않는군요."

비비안 리는 너무 실망했다. 하지만 그럼에도 불구하고 비비안 리는 활짝 웃었다. 밝은 표정으로 비비안 리가 감독에게 인사를 하고 문을 나서는데 감독이 비비안 리를 급하게 불러 세웠다.

"잠깐만…… 맞아요, 바로 그 표정이오."

오디션에서 떨어져 실망했음에도 불구하고 찡그린 얼굴 대신 활짝 웃으며 문을 나서는 비비안 리의 모습에서 감독은 〈바람과 함께 사라지다〉의 스칼렛의 모습을 보았던 것이다. 모든 것을 잃고서도 내일은 내일의 해가 떠오른다며 당당히 일어서는 스칼렛의 모습과 오디션에 떨어졌음에도 활짝 웃을 수 있는 비비안 리의 모습은 닮은꼴이었다.

사람의 이미지는 그만큼 중요하다. 이미지는 대게 그 사람의 얼굴 표정과 모습에서 많이 좌우된다. 음울한 모습으로 상대를 만나면 상대는 당신에 대한 이미지를 어둡게 볼 것이다. 어둡다는 것은 결국 희망적이지 못하다는 것을 의미하므로 상대로 하여금 호감을 반감시키는 역할을 한다.

비즈니스에서 첫 이미지는 대단히 중요하다. 얼굴이 어두운 사람은 대화를 할 때도 상대를 제대로 바라보지 않는 경우가 많다. 대화를 나눌 때는 말의 주제나 내용을 듣는 사람의 눈높이와 처지, 관심사에 맞춰야 하는데, 이렇게 상대방을 보지 않는다면 상대방은 당혹감, 불쾌함, 불안감을 느끼게 될 것이다.

어느 날 링컨 대통령에게 한 친구가 찾아왔다. 그는 어떤 낯선 남자를 데려왔는데 바로 그를 링컨의 비서로 추천하려고 했다.

하지만 그 남자를 만나 본 링컨은 친구의 부탁을 거절하며 이렇게 말했다.

"마흔이 넘은 사람은 자신의 얼굴에 스스로 책임져야 한다."

링컨은 그 남자의 일그러진 표정이며 흐릿한 눈동자, 이리저리 힐끔힐끔 쳐다보는 눈빛을 보고 신뢰를 느낄 수 없었다.

몇 년 전 어느 국회의원 당선자의 부인이 합동연설회 중에 청중들이 던진 계란을 맞았다. 그러자 그녀는 부드러운 미소를 띠며 이렇게 말했다.

"여러분 계란을 던지시려거든 소금도 부탁드립니다."

비분 강개(悲憤慷慨)하기보다 유머러스하게 대응했던 그녀의 재치 있는 말로 소란스럽던 분위기는 일시에 가라앉았다. 만일 그녀가 계란을 던진 사람들을 향해 인상을 쓰면서 비난하는 말을 퍼부었다면 분위기는 더욱 험해졌을 것이다. 아무리 화가 났다 해도 웃는 얼굴에 침을 뱉는 사람은 없다.

사람의 인격이나 연륜은 얼굴에 고스란히 묻어난다. 무엇을 말하고자 할 때 얼굴에 도는 긴장감, 또는 표정으로 상대의 의중을 대충 알 수 있는 만큼 상대방의 얼굴에서 묻어나는 표정은 결코 무시해서는 안 된다.

'제 눈에 안경'이라는 말이 있다. 상대방이 자기 마음에 들면 얼굴에 난 곰보자국도 귀여운 보조개로 보일 만큼 사랑스러워 보이는 것이다. 인간이란 원래 자기중심적인 존재이다. 이것을 역으로 표현하면 상대의 눈에 어떻게 비치느냐에 따라 좋은 사람도 되고 만나기 싫은 사람도 될 수 있다는 말이다.

사람은 대화를 나누면서 서로 친근함을 느끼고 정을 나눈다. 대화 도중에 나오는 몸짓과 얼굴 표정은 그것 자체가 말과 같은 역할을 한다. 자연스럽게 마음에서 우러나오는 대로 말하고 행동하는 것이 중요하다. 무언가 꾸밈이 있는 표정은 상대도 금세 눈치채기 마련이고 억지로 꾸며진 표정을 좋아하는 사람은 아무도 없다.

대화를 나눌 때 웃는 모습으로 상대방과 눈을 맞춰보라. 그렇다고 상대의 눈을 뚫어지게 쳐다보면 상대방은 불편해 할 것이다. 상대방이 말을 하거나 당신이 질문을 할 때 눈맞춤을 하는 것이 요령이다.

만약에 자신의 이미지에 자신이 없거나 얼굴 표정이 굳어져 있어서 다른 사람들로부터 얼굴 표정을 밝게 해 보라는 지적을 몇 번이고 받은 적이 있다면 지금 당장이라도 거울 앞에서 웃는 연습을 하라. 스스로의 결점을 바꾸고 싶다면 누군가 자신의 결점을 지적했을 때가 바로 절호의 기회다.

성공적인 화자가 되기 위해서는 사람들 가슴속에 먼저 좋은 이미지를 심어 주어야 한다. 웃는 얼굴, 매너 있는 행동은 곧 재치 있는 말로 연결된다.

'거울의 법칙'이란 것이 있다. 당신이 거울을 보고 웃으면 거울 속의 당신도 웃고, 당신이 괴로운 표정을 지으면 거울 속의 당신도 괴로운 표정을 짓는다. 당신은 거울 속의 자신이 항상 웃고 있는 것이 좋은가, 아니면 늘 굳어 있거나 찡그린 얼굴이 좋은가?

상대를 만날 때 '귀찮아 죽겠군.' 하는 표정으로 앉아 있을 게 아니라 그와 살짝 눈을 맞추면서 먼저 손을 내밀어보자. 악수를 청하면서 밝은 소리로 "반갑습니다!" 하고 인사를 건네라. 이런 활기찬 모습으로 상대방을 대한다면 당신에 대한 호감은 첫인상에서부터 두 배, 세 배로 배가될 것이다.

 재치 키워드

자기 인생을 명예의 전당으로 만들자

1. **지혜로운 머리** 무엇이든 하루하루 지식을 얻으려고 노력하라.
2. **세련된 입** 필요 없는 시기나 독설을 삼가라.
3. **세계와 함께 뛰는 심장** 주변 환경과 조화를 이루어라.
4. **힘있는 손** 남을 도와라.
5. **발빠른 다리** 사람들 속으로 다가가라.

19 고급스런 말은
일품 요리와 같다

"**화술은** 요리와 같다."

우리의 말에도 맛이 있다. 말과 요리의 어떤 면이 같은지 한 번 생각해 볼 일이다. 우선 요리에는 여러 재료들이 들어간다. 싱싱하고 보기 좋은 재료로 만들수록 요리는 일품이 될 것이다. 진미(眞味)에는 그윽하고 고급스런 향이 따르게 마련이다.

요리는 요리를 만드는 사람이 얼마만큼의 정성을 들여 만드느냐에 따라 맛과 질이 틀려진다. 또한, 요리사는 자신이 먹기 위해서가 아니라 사람들에게 맛있게 먹이기 위해 요리를 만드는 것이다.

말도 마찬가지이다. 요리의 재료가 싱싱해야 음식의 맛이 살아나는 것처럼 말의 재료인 화제 또한 고급스러워야 한다. 더구나 만남의 성격이 비즈니스상 격식을 따져야 하는 경우라면 더욱 화제를 고급스럽게 하여야 할 것이다. 고급스러운 대화를 할 줄 아는 사람에겐 자연스레 신뢰의 이미지가 따르게 마련이다. 대화 또한 요리와 마찬가지로 말하는 화자보다는 듣는 사람이 결정권을 가진 것이므로 듣는 사람에게 자신의 뜻을 보다 정확하게 전달하는 데 신경을 써야 할 것이다.

어느 날 클레오파트라와 안토니오가 낚시를 하러 갔다.

안토니오는 쉬지 않고 물고기를 낚아 올리는데 이상하게 클레오파트라의 낚싯대에는 물고기가 걸리질 않았다.

"이상하군요. 물고기가 당신 낚싯대에만 걸려 나오다니……."

안토니오가 그저 빙긋이 웃자 클레오파트라는 안토니오의 낚싯대를 자세히 살펴보았다. 그랬더니 놀랍게도 잠수부가 안토니오의 낚시에 물고기를 걸어주고 있는 것이었다. 회심의 미소를 지은 클레오파트라는 잠깐 쉬는 시간을 이용해서 잠수부를 매수했다. 잠시 후 안토니오의 낚싯대에는 말린 생선이 대롱대롱 매달려 올라왔다.

"아니, 어찌 이런 일이……."

안토니오가 당황하자 클레오파트라가 다정하게 말했다.

"낚시는 어부에게 맡기고 당신은 세계를 낚도록 하세요."

이 얼마나 재치가 넘쳐나는 말인가? 만약 그 자리에서 클레오파트라가 안토니오에게 비겁하다고 소리 지르며 자리를 박차고 일어났다면 어떻게 되었을까? 그러나 지혜로운 클레오파트라는 그렇게 하지 않았다. 상대의 입장을 생각하고 듣는 사람을 존중하면서 자신의 생각이 그에게 전해지도록 말했던 것이다.

클레오파트라는 그 상황에서도 안토니오가 세계를 지배할 남자라는 확신을 버리지 않았고 자신의 냉정함을 유지했다. 그러면서 아주 정중하면서도 부드러운 말로 안토니오의 행동을 스스로 부끄럽게 여기게 만들었다. 그것은 안토니오의 숨겨진 야심에 불을 붙이는 계기가 되었다.

클레오파트라의 현명한 처세에서도 알 수 있듯이 재치 있는 한마디 말이, 천하를 지배할 장군의 꿈을 일깨워주고 그를 자기 사람으로 만들 수 있었던 것이다.

이백은 훌륭한 스승을 찾아 산으로 들어가 공부를 하였다. 그러던 어느 날 공부에 싫증이 나자 스승에게 말도 없이 산을 내려오고 말았다. 이백이 냇가에 이르렀는데 한 노파가 바위에다 열심히 도끼를 갈고 있었다. 궁금증이 난 이백이 할머니에게 무엇을 하느냐고 물었다. 할머니는 망설임 없이 대답했다.

"도끼를 갈아서 바늘을 만들려고 하지."

"할머니, 그것이 과연 가능할까요?"

이백이 되묻자 할머니는 이렇게 말했다.

"중단하지 않는다면 가능하지."

이백은 그 길로 다시 산으로 들어가 스승에게 용서를 구하고 공부에 전념하였다.

그렇다. 모든 일은 중단하지 않으면 가능하다. 고급스러운 말도 마찬가지이다. 말도 자신의 노력 여하에 따라 얼마든지 고급스러워지고 감칠맛 날 수 있다.

재치 있게 말을 잘하는 사람은 상대방에게 화제를 돌리고 듣는 역할도 충실히 할 줄 아는 사람이다. 대화 중간 중간에 적당히 유머를 섞어가면서 상대에 대한 배려와 서비스 정신을 잃지 않는 사람이야말로 일류 요리사가 장인 정신으로 일품 요리를 만들어내는 것과 같다고 할 수 있다.

최고급의 일품 요리는 아무나 먹게 되지 않지만 그렇다고 해서 당신이 일품 요리를 먹지 말라는 법은 없다. 만약 당신이 일품 요리를 먹고자 한다면 일품 요리에 어울리는 최고급의 격을 먼저 갖추도록 하는 것이 중요하다. 일품 요리와 같은 화술을 원하는 사람이라면 전문적인 다양한 지식과 부드럽고 편안한 어투와 시선, 당당하고 자연스러운 태도를 유지해야 한다.

남의 말을 진정한 마음으로 제대로 경청할 줄 알아야 하며 상대방의 반응이나 분위기를 탐지해서 화자의 진의를 바로 파악하고 숨은 의미를 알아듣는 사람이야말로 일품 언어사이다.

아무나 먹을 수는 없지만 누구나 먹을 수 있는 일품 요리와 같이 고급 언어는 아무나 사용하지 못하지만 철저하게 준비하고 반복적으로 연습하면 누구나 고급 언어를 사용할 수 있다. 올바른 언어 사용을 위해 꾸준히 노력한다면 누구나 언어 표현력의 대가가 될 수 있다.

재치 키워드

상대의 말을 잘 듣는 것도 능력이다

1. 상대방의 말에 진심으로 귀를 기울여라.
2. 상대의 감정과 기분을 헤아리면서 경청하라.
3. 간간이 적당한 맞장구를 쳐주면 좋다.
4. 말하는 의도가 무엇인지 생각하면서 들어라.
5. 상대의 표정이나 태도, 목소리, 말투에서 숨은 의미를 찾아내라.
6. 방만한 태도가 아니라 예의를 갖춰라.
7. 진실한 말과 거짓된 말을 구별하는 지혜를 키워라.
8. 상대의 말이 너무 장황해지면 중간 정리를 하라.
9. 상대가 화가 나 있다면 그의 심경을 이해해 줘라.
10. 말의 요점을 파악하고 정확히 질문하라.

CHAPTER

20

웃으면서 말하는 것도 전략이다

재치 있는 말과 유머감각은 성공하는 사람들이 갖춰야 할 덕목 중 하나다. 치열한 경쟁사회에서 누군가를 설득하고 이끌어야 할 사람이라면, 전문적인 업무 능력을 키우는 것 못지 않게 재치와 위트를 담아 자연스럽고 부드럽게 말하는 것 또한 중요하다.

영국에서 수의과 의사를 했던 A라는 사람이 장관이 되었다. B의원은 평소 A장관을 몹시도 못마땅해했다. 기회를 노리던 B의원은 의회가 열리자 의회에서 A장관을 향하여 말을 비꼬며 야유를 보냈다.

"당신은 본래 수의사였지요? 짐승의 병이나 고치던 사람이 도대체 무얼 안다고 그리도 당당한 거요?"

그 말을 듣고 있던 장관이 얼굴 가득 웃음을 띠고 말했다.

"그러고 보니 의원님도 어디가 아프신가 보네요. 제가 좀 봐 드려도 될까요?"

말 같지도 않은 트집을 잡는 의원을 짐승에 비유한 위트와 재치가 넘치는 말이다. 그렇듯 웃으면서 상대를 자극하는 것도 하나의 전략이다.

인간은 태어나서 죽을 때까지 말을 한다. 말을 떠난 인간은 생각할 수 없을 정도로 말은 일상생활에 밀접한 관계를 갖고 있으며 대단히 중요하다. 상호 의사소통이나 모든 문제를 거의 말로 해결한다 해도 과언이 아닐 것이다.

온화하고 친근감을 주는 분위기를 지닌 사람에겐 누구나 부담 없이 말을 걸어오며 때로는 개인적인 어려운 일까지 상의하고 싶어지는 것이 인지상정이고 이것이 곧 친분을 두텁게 하는 요소가 된다. 온화하고 친근감을 줄 수 있는 가장 강력한 힘은 바로 웃음이다. 사람에게 있어 웃는다는 행위는 중요한 의미를 갖는다.

웃는다는 것은 결국 마음에 여유가 생긴다는 것이며 긍정적으로 사물이나 의견을 받아들인다는 뜻이다. 주위를 한 번 돌아보라. 밝게 웃지 않는 사람 주위에는 사람들이 모이지 않는다. 어두운 표정의 사람은 기운도 없어 보이고 어쩐지 말을 붙이기도 쉽지 않다. 하지만 웃는 얼굴은 눈이 맑아 보이고 생동하는 기운을 느낄 수 있어 사람들의 호감을 산다.

친구들 모임에 나갔다가 정말 우연히 C를 만난 적이 있다. C는 나와 고등학교 동창이다. 반가운 마음에 덥석 손을 잡자 C가 환하게 웃어 보였다. 순간 C에게서 여태껏 찡그린 인상을 본 적이 없다는 생각이 들었다.

고등학교 다닐 때도 마찬가지였다. C의 별명은 나이에 어울리지 않게 '부처님'이었다. 그래서 그런지 C의 얼굴은 아직도 동안(童顔)이었다.

"여전히 잘 웃는구나. 잘 웃어서 그런지 나이도 안 먹나 보다."

"그런가?"

"넌 여전히 부처님이니? 사회 생활하면서는 화나는 일이 많겠지? 웃을 일도 많지 않고 말이야."

그러자 다른 친구가 나서며 말했다.

"말도 마라, 얘는 아직도 부처님이다. 나랑 같이 동업하잖아, 그저 이래도 허허, 저래도 허허⋯⋯어찌 보면 속이 없는 놈 같기도 하고⋯⋯. 그래도 거래처 사람들은 전부 얘만 찾는다."

C는 모임이 끝날 때까지 말은 별로 하지 않았지만 끊임없이 웃는 얼굴을 보였다. 그로 인해 모임 분위기가 좋아졌음은 물론이고 그에 대한 신뢰가 느껴지기까지 했다.

말을 잘하는 것은 물론 중요하다. 하지만 말을 잘하기 이전에 우선 웃어야 한다. 우리나라는 아직 유교적 영향이 남아 있어서 무표정한 얼굴이 근엄하고 정직하게 보인다고 여기지만 세계화로 달려가는 요즘엔 전혀 먹혀들지 않는 말이다. 외국인들에게는 '무표정은 곧 반감'이라는 등식이 성립하기 때문이다.

일본 혼다사의 혼다 소이치로 회장은 사원들에게 항상 이렇게 강조했다.

"웃는 얼굴이야말로 세계 공통의 여권이다."

그만큼 웃음이 중요하다는 말이다. 얼굴에 웃음이 가득한 사람은 당연히 사고방식도 긍정적이다. 긍정적인 사고를 지닌 사람은 상대방을 잘 배려할 뿐 아니라 자연스레 상대의 좋은 점을 찾아 칭찬을 하게 된다. 칭찬을 받은 상대방은 기분이 좋아질 것이고 당신에게 호감을 보이며 감추어 두었던 마음을 열기 시작할 것이다. 웃음은 결국 상대의 심리를 파악할 수 있는 능력까지 갖추어 주는 셈이니 '꿩 먹고 알 먹는' 식이다.

말을 할 때 목소리와 표정이 밝으면 그 사람의 인상도 밝아진다. 밝은 인상은 좋은 일을 불러들인다. 적극적으로 밝고 긍정적으로 생각하게 되면 말도 적극적이고 긍정적으로 하게 된다. 반대로 어둡고 암울하게 생각하게 되면 말도 소극적이 되고 자신감이 없어져 되던 일도 엎어지게 된다.

'이왕이면 다홍치마'라는 말처럼 경직된 얼굴로 상대와 대화를 나누는 것보다는 미소 띤 얼굴로 유머를 섞어가면서 대화를 나눈다면 당신이 생각했던 것 이상으로 결과가 좋을 것이다.

웃음도 하나의 전략이다. 웃는 얼굴에 화내기는 정말로 힘들다. 세상에는 이런 저런 사람이 많다. 그러나 그 중에서도 얼굴에 웃음이 가득한 사람은 모든 사람을 다 포용할 수 있는 능력을 이미 갖춘 사람이라고 할 수 있다.

웃음에 관한 명언

● 인간은 웃는 힘을 부여받은 유일한 동물이다. — F. 그레빌

● 아름다운 의복보다는 웃는 얼굴이 훨씬 인상적이다. 기분 나쁜 일이 있더라도 웃음으로 넘겨 보라. 찡그린 얼굴을 펴기만 해도 마음도 따라서 펴지는 법이다. 웃는 얼굴은 좋은 화장일 뿐 아니라 생리적으로 혈액순환을 좋게 하는 효과가 있다. 웃음은 인생의 명약이다. — 알랭

● 만족한 웃음은 집안의 햇빛이다. — W. 데커리

● 인간이 웃는 것은 그것이 본성이기 때문이다. — F. 라블레

3 재치 화술로
첫인상을 제압하라

칼날이 날카로워서 사람을 상하게 하는 것이 아니다.
입술 끝의 말이 사람을 치고 해하는 것이다.
그러므로 손에 든 칼을 조심할 것이 아니라
그대의 혓바닥에 오르내리는 말을 조심해야 한다.
그릇된 말 한마디는 남을 찌를 뿐 아니라,
그 자신의 혀를 자르는 칼인 줄 알아야 한다.
―동양의 명언

CHAPTER

21

재미없게 말하는 사람,
재미있게 말하는 사람

우리의 언어생활에서 중요한 것은, 같은 말을 하더라도 어떻게 하면 상대의 기분을 상하지 않게 하면서 즐거운 분위기를 이끌어 가느냐 하는 것이다. 즐겁고 재미있는 대화로 상대를 이끌어 가는 사람이라야 누구에게나 호감을 살 수 있다.

우스갯소리로 군대에서 졸병이 수통에다가 소주를 넣으면 '군기 불량'이 되고, 고참이 수통에다 소주를 넣으면 '비상 소독용'이 된다는 말이 있다. 그렇듯 같은 말도 어떻게 하느냐에 따라 그 맛이 다르게 변한다. 코미디나 개그 프로그램을 도외시하던 사람들도 막상 개그 프로그램을 보기 시작하면 십분 안에 마음을 열고 웃음을 참지 못하는 것을 볼 수 있다. 뉴스를 보고 호탕하게 웃거나 깔깔거리는 사람은 거의 없다. 왜 사람들은 개그를 보고 웃는가? 그것은 개그맨들이 특유의 몸짓과 말투로 상황을 재미있게 이끌어 나가기 때문이다.

우리는 옛날부터 유교사상에 젖어 말을 아껴야 하고 웃지 않아야 한다고 익히 들어왔기 때문에 사석에서도 재미있게 말하는 것을 금하여 온 것도 사실이다. 그러다 보니 얼굴 표정에서부터 몸짓까지 딱딱하게 굳어 있는 것이 보통이다.

하지만 신입사원이라고 해서 회식자리에서 입 한번 뻥긋하지 못하고, 신병이 고참 앞에서 방귀조차 시원하게 뀌지 못하던 시대는 지났다. 이제는 재미있게 말하는 사람이 대접받는 사회가 되었다.

이런 변화의 속도에 맞추어 삶의 방법과 의식도 달라져야 한다. 새로운 의식은 새로운 용어에서 만들어진다. 같은 말을 하더라도 활기차고 재미있게 말하는 방법을 구사해 보라. 당신의 이름을 기억하는 사람이 배는 늘어날 것이다.

어느 회사에서 신입사원들을 환영하는 회식을 열었다. 분위기가 무르익고 자기 소개를 하는 차례가 되자 신입사원들은 너나 할 것 없이 긴장했다.

"저는 김영식이라고 합니다. 잘 부탁합니다."

"박홍규입니다. 선배님들과 함께 근무하게 되어 영광입니다."

대부분 이름만 밝히고 자리에 앉기 바빴다. 마침내 '전덕구'라는 사원이 인사말을 할 차례가 되었다. 그는 사람들을 둘러보더니 꾸벅 인사를 하였다.

"안녕하십니까? 저는 총무과로 발령받은 전덕구입니다. 공부는 뭐 그리 썩 잘했다고는 할 수 없지만 운동은 다 잘합니다. 그리고 어리석은 호랑이를 잡는 것이 제 취미입니다."

그러자 여기저기서 킥킥거리며 수군거리기 시작했다.

"어리석은 호랑이라니?"

"제 고향은 아주 깊은 산골입니다. 대낮에도 호랑이가 불쑥불쑥 나타나서는 처녀들을 희롱하는 동네였거든요."

"아니, 지금이 어느 시댄데 호랑이가 나와? 호랑이가 아직 있긴 있단 말이야?"

"우리, 끝까지 한번 들어보자구, 아주 재미있는 친굴세."

"호랑이가 처녀를 희롱하는 건 대체 어떤 거지? 킥킥."

전덕구란 신입사원은 헛기침을 한 번 하더니 계속 말을 이어나갔다.

"저는 어려서부터 호랑이한테 물려가도 정신만 바짝 차리면 된다는 말을 귀가 닳도록 들으며 자랐습니다. 그래서 호랑이가 언제 나타나나 한참을 기다려도 호랑이는 나타나지 않았습니다. 호랑이를 포기할 즈음 어느 날 정말 호랑이를 만났지 뭡니까? 호랑이가 저를 보더니 '어으훙' 하면서 입맛을 쩍쩍 다시더군요. 무척 겁이 났지만 제가 누굽니까? 정신을 바짝 차렸지요. 호랑이가 자세를 잡더니 저를 쫙 째려보더군요. 그래서 저도 질세라 호랑이를 쫘~악 째려보았지요. 결국 눈싸움에 진 호랑이가 저에게 물어보더군요. '너, 갈구냐?' 그때 제가 그랬지요. '아니요, 전 덕군데요.'"

그의 이야기를 듣던 사람들이 저마다 한바탕 자리가 떠나갈 듯 웃었다. 그는 단번에 스타로 떠올랐다. 회사에서는 그의 얼굴은 기억 못 해도 '전덕구'라는 이름은 금세 유명해졌다. 그는 확실하게 자신의 이름을 동료들에게 알리게 되었다.

모든 사람들이 저마다 전덕구처럼 자기 소개를 하라는 말은 아니다. 딱딱한 회식 자리에서 자신 앞에 놓인 콜라 캔을 보고는 아주 자신있게 영어를 구사할 수 있다는 듯 "I can see(나는 지금 깡통을 보고 있습니다)."라고 위트의 소리를 지를 줄 아는 사람, 그 소리를 듣고 바로 "Yes, I can(맞아요, 난 깡통이에요)." 그렇게 유머로 응수할 수 있는 사람이 사랑 받는 사회이기 때문에 자신을 확실히 알리는 일이 무엇보다 중요하다는 것이다.

재미있는 언어를 활용하면 보다 부드럽고 온화한 환경이 만들어짐은 물론이고 인간 관계도 친밀해진다. 재미없고 딱딱한 용어를 구사하기보다는 재미있고 유머 있는 언어를 활성화하는 것도 현대 사회를 살아가는 지혜라 할 수 있다.

이 세상에서 가장 친절한 선생은 자기 자신이다. 가장 진실한 책도 자기 자신이며 가장 훌륭한 교육도 자기 자신이다. 이렇듯 자기 자신을 재미있는 사람으로 변화시킬 수 있는 것도 자신만이 할 수 있는 일이다. 당신이 재미있게 대화의 장을 이끌어 가는 모습을 생각해 보라. 사람들이 당신의 말을 재미있게 경청하는 장면을 떠올려보는 것만으로도 온몸이 짜릿해지는 전율을 느낄 수 있을 것이다.

재치 키워드

상대를 만나기 전에 체크해야 할 점

1. 상대가 관심 있는 분야는 무엇인가 알아보고 그 분야에 대한 정보를 수집한다.
2. 상대의 프로필과 가족사항도 알아둔다. 대화할 때 훨씬 부드러울 것이다.
3. 상대가 좋아하는 음식의 종류는 무엇인지 알아두면 좋다. 잘 먹고 나면 기분이 좋아진다는 사실을 염두에 두자.
4. 자신이 상대에게 어떤 인상으로 비칠지 예상하고 몸가짐이나 얼굴 표정을 관리한다.
5. 지피지기(知彼知己)면 백전백승(百戰百勝)이라는 말을 명심하자.

분위기를 죽이는 사람,
분위기를 살리는 사람

사람들은 모두 제각각 다양한 사고방식을 갖고 있다. 비슷하다고 느껴지는 사람도 간혹 있지만 그것은 그저 어떠한 일면이 비슷하다고 느껴지는 공통의식일 뿐이지 사실은 전혀 다른 존재이다.

전통 유교사상에 익숙한 우리로서는 '모난 돌이 정에 맞는다.'는 속담이 말해주듯 많은 사람들 사이에서 눈에 띄면 별로 좋지 않다는 의식이 무의식중에 자리잡고 있는 것 또한 사실이다. 그러다 보니 자신의 개성을 잃게 되고 모임에서도 소극적으로 대처하며 그저 벙어리 노릇만 하고 있는 사람도 생기게 마련이다.

그런데 어떤 모임에서든지 차라리 벙어리 노릇만 하면 괜찮은데 괜스레 시끄럽기만 하고 좋았던 분위기를 순식간에 가라앉히는 사람이 꼭 있다.

예를 들어, 노래방에 가서 남들은 열심히 노래하면서 분위기 잡는데 저 혼자만 잘났다고 목에 힘을 주고 앉아 있는 사람은 꼭 이렇게 말한다.

"노래도 못하면서 왜 그렇게 소리만 질러대? 아이고 시끄러워! 저것도 노래라고…… 차라리 돼지 목청을 따라."

반면에 아예 마이크를 잡고 처음부터 끝까지 놓지 않는 사람도 있다. 마치 자신이 가수나 되는 양 가진 폼 다 잡고 말이다. 완전히 분위기를 다운시키는 일등 공신이다. 대인관계에서 자기의 역할을 제대로 하기 원한다면 한번쯤 주변 분위기를 먼저 생각하라.

물론 입담이 좋고 유창하게 말을 잘 늘어놓는다고 해서 화술이 좋다거나 분위기를 살리는 것은 아니다. 골동품과 포도주는 오래될수록 값어치가 높아지고 대접을 받지만 혼자 떠들어대며 분위기를 흐리는 사람은 오래 될수록 사람들에게 따돌림을 당하기 쉽다. 인간 상호관계의 이해를 촉진시키기 위하여서라도 혼자만 나서는 언행은 삼가야 한다.

그와는 달리 사람들이 많이 모인 자리에서 분위기를 유쾌하게 이끌어 가는 사람을 살펴보면 순발력과 유머가 뛰어나다는 것을 알 수 있다. 그런 사람은 분위기가 조금이라도 이상해지거나 돌발적인 상황이 생기면 즉시 간파해서 순간적으로 분위기를 막힘 없이 이끌어 가기 때문에 가라앉았던 분위기도 금세 활기 있게 살아나기 마런이다. 유머와 순발력으로 분위기를 이끌어 가는 사람은 누구에게나 좋은 인상을 주고 또한 부러움의 대상이 되기도 한다.

　말도 잘하는데다가 분위기도 잘 살리는 사람은 상대방이 보기에 금상첨화일 것이고, 기분 나쁜 말만 골라 하면서 분위기는 혼자 망쳐 놓는 사람이 있다면 설상가상일 것이다. 같은 말이라도 '아' 다르고 '어' 다르다고 했다.

　학교에서 돌아온 아이가 시험에서 60점을 맞았다고 말한다. 이때 분위기를 다운시키는 사람이라면 이렇게 말할 것이다.

　"하라는 공부는 안하고 밖에 나가 놀기만 하더니 이게 뭐냐? 60점을 도대체 점수라고 받아온 거야? 아유, 도대체 누굴 닮아서 저렇게 공부를 못하는지……. 아이고, 지긋지긋해. 빨리 들어가 공부나 해. 알았어?"

　하지만 이제는 아이의 기분을 이해하고 분위기를 띄워 보자.

　"아이고, 우리 아들 60점이나 받았어? 저번에는 50점 받더니 10점이나 더 받았네? 장하구나. 공부 열심히 한 보람이 있지? 조금만 더 공부하면 70점은 되겠다. 맛있는 거 금방 갖다 줄 테니까 공부하고 있어. 알았지?"

　꾸중을 들을 줄 알았던 아이는 신이 나서 다시 책상 앞으로 달려갈 것이다. 같은 말이라도 어떻게 하느냐에 따라 이렇게 다른 효과를 낸다.

　현대사회에서 보다 효율적인 생활을 영위하기 위하여서는 순발력 있고 센스 있게 분위기를 맞추어 갈 줄 아는 것도 하나의 방편이다. 때론 부드럽게, 때론 흥겹게 분위기를 만들어 갈 줄 아는 사람은 성공으로 가는 지름길에 한 발 앞서 들여놓는 것이다. 당신이라고 해서 그러한 주인공이 되지 말라는 법은 없다.

 재치 키워드

효과적인 커뮤니케이션

1. 상대방의 주의와 관심을 사로잡고 신뢰를 쌓는다.
2. 전달할 내용을 분명히 하여 상대방의 이해를 돕는다.
3. 말하는 어조와 감정에 주의한다.
4. 상대방의 반응을 주의 깊게 관찰한다.
5. 재치 있는 말로 상대방을 설득한다.

자기 말만 하는 사람,
남의 말을 잘 듣는 사람

23

"사람이 두 개의 귀와 하나의 입을 가진 까닭은 말하는 것의 두 배만큼 남의 말을 들을 의무가 있기 때문이다."

그리스의 철학자 제논의 말이다. 그것은 말하기를 즐기는 것보다 남의 말을 잘 들으라는 뜻이기도 하지만, 말하는 것에 신중하고 그와 함께 상대에게 말할 기회를 주라는 의미이기도 하다.

초등학교 친구인 M은 동창생들의 모임에서 거의 혼자 말을 하다시피 한다. 누군가 말을 하려고 하면 중간에서 뚝 자르는 것은 보통이다. 동창중의 Y가 사업구상을 이야기하는 도중이었다. 역시나 M이 중간에 끼어들어 말을 뚝 잘랐다.

"근데 말야, 그거 틀렸어. 그건 안 돼."

"아니, 내 말을 끝까지 들어보지도 않고 뭐가 무조건 안 돼?"

"아, 글쎄, 그건 들어보나마나 마찬가지야. 자, 그러지 말고 어서 술이나 마시자고."

말을 하던 친구가 당황해하고 불쾌한 표정이 역력했다. 하지만 M은 모임의 분위기가 일시에 차가워진 것도 모르고 이후로도 줄곧 자기 혼자 떠들다 돌아갔다.

일 대 일 만남이나 여러 사람이 만나는 모임에 나가면 혼자만 계속 떠들어대는 사람이 꼭 한 사람은 있다. 그 때문에 자신의 말을 한마디도 못 한 멤버들은 불만에 쌓이게 될 것이고 모임에 대한 매력마저 잃게 된다. 그런 상황이 반복되다 보면 그 모임은 결국 깨지기가 쉽다.

프로이드는 인간의 혼란스런 감정이나 경험을 배출하는 방법으로써 '말하기'가 중요하다는 것을 인식하고, 말하기를 정신치료법의 하나로 창안했다.

우리가 상대방의 기쁨을 충족시켜 주는 것에는 언어를 통한 표현을 빼놓을 수 없다. 상대방이 내 말을 듣고 나를 인정하고 이해했다는 기쁨은 물론, 내가 상대방의 말에 호감을 갖고 속마음을 주었다는 기쁨은 다른 어떤 것과 비교할 수 없는 충만감을 준다. 사람들 간에 이와 같은 교류의 감정이 생기는 것은 주로 말을 통해서이다.

"어떤 찬사에도 마음의 문을 열지 않는 사람도 자신의 이야기를 진지하게 들어주는 사람에게는 마음을 빼앗긴다."

데일 카네기의 이 말은 상대방과의 대화에서 '듣기'의 중요성을 강조하는 말이다. 비즈니스에서 상대의 말을 잘 들어주는 것은 매우 중요하다. 얼른 생각하기엔 비즈니스에서는 말을 잘하는 것이 중요할 것 같지만 그보다 더 중요한 것은 진심으로 고객의 말에 귀 기울여 주는 것이다.

진정한 세일즈맨이라면 먼저 고객이 질문하는 것에 귀를 기울이고 고객의 질문에 맞는 정확한 답변을 해 주어야 한다. 고객이 자신의 생각을 충분히 말하고 질문을 하게 한 후, 세일즈맨의 답변을 듣고 상품의 장단점을 비교 분석해서 상품을 구입했다면 고객은 충분히 만족감을 느낄 것이다.

말하기에만 기교가 있는 것이 아니다. 듣는 것에도 방법이 있다. 석가모니는 모공으로 이야기를 들으라고 했다. 이 말은 상대방의 이야기에 온 신경을 집중해서 들으라는 의미이다.

모 백화점에서 있었던 일이다. 40대로 보이는 여자손님이 헤어핀을 팔고 있는 매장에서 격앙된 목소리로 말하고 있었다.
"날 무시하는 거야 뭐야? 물건도 제대로 갖다놓지 않았으면서 왜 무시해!"
여자손님은 매장 여직원이 자신이 사려는 물건에 대해 자세히 설명해 주지도 않고 자신을 무시하는 태도로 일관하자 몹시 화가 난 모양이었다. 매장 여직원은 손님이 말할 때마다 이렇게 말대꾸를 했다.

"제가 언제 손님을 무시했다고 그러세요?"

여직원이 꼬박꼬박 말대꾸를 할 때마다 그녀의 언성은 더 높아졌고 결국 매장 안의 손님들이 모여 싸움을 구경하게 되었다. 여자손님은 들어보라는 듯이 더 분노에 찬 목소리로 여직원을 몰아세웠고 여직원은 점점 얼굴을 붉히면서 어이없다는 표정을 지었다. 그때 사무실에서 나온 또 다른 여직원이 화가 난 여자손님에게 다가왔다.

"손님 무엇이 잘못 됐습니까?"

여직원은 그 한마디만 손님에게 던졌다. 그녀는 일의 자초지종을 설명하고 여직원은 그 자리에서 네, 네 하며 말을 끝까지 들어주었다. 그리고 손님이 어느 정도 말을 마치자 진심으로 죄송하다며 고개를 숙여 미안함을 표시했다.

"사무실로 함께 가서서 말씀을 더 하시죠. 손님."

여직원의 이 말에 그녀는 분노를 가라앉히면서 순순해졌다. 그녀는 말을 함으로써 마음의 상처를 치유한 셈이었다. 사람의 그런 심리를 잘 알고 있던 여직원이 자칫 큰 싸움으로 번질 일을 재치 있게 마무리를 지은 것이다.

말을 들을 때는 상대의 말을 진심으로 듣고 있다는 적극적인 표현법을 써야 한다. 상대의 시선이나 행동을 보면 그 사람이 내 말을 잘 듣고 있는지 아닌지 쉽게 알 수 있다. 상대가 내 말에 관심을 기울이지 않는다는 것을 느끼고 나면 누구도 이야기를 하고 싶지 않은 법이다. 상대의 말을 들어줄 때는 입으로 적절히 맞장구를 쳐라.

"아, 그렇습니까?"

"그 다음은 어떻게 되었지요?"

"그렇고 말고요. 맞는 말입니다."

이렇게 상대의 말에 맞장구를 치고 때로는 궁금한 점을 물어라. 그러면 상대는 자신의 말을 진정으로 들어주는 당신에게 한층 더 신뢰를 높일 것이다.

또한, 눈으로는 상대의 미간이나 입 주위를 쳐다 보라. 상대가 이야기를 하는데 시선을 먼 곳에 두고 있거나 딴청을 피우듯 이리저리 눈을 굴린다면 상대는 더 이상 말할 기분이 아닐 것이다.

'이 사람은 내 말을 전혀 듣고 있지 않는군.'

상대에게 이런 생각을 들게 한다면 비즈니스에서 찬물을 끼얹는 것과 마찬가지다.

그리고 무엇보다도 상대의 말을 긍정적인 자세로 들어라. 말하는 사람의 생각을 이해하려는 긍정적인 태도로 듣다보면 상대의 기분과 감정을 정확히 읽어낼 수 있을 것이다. 상대가 이야기하는 것을 상대의 입장에서 헤아려 보는 것은 중요하다. 무조건 부정적으로 생각하고 답변한다면 제대로 대화가 이어질 수 없다.

대화를 나눌 때는 언제나 상대를 존중하는 마음으로 이야기를 듣는 것이 중요하다. 상대의 이야기를 잘 듣는다는 것은 당신의 눈과 귀뿐만 아니라 마음으로 듣는 것을 의미한다.

재치 키워드

대화에서 신중하려면 목적을 분명히 하라

1. 대화를 통해 무엇을 얻기를 바라는가?
2. 말하려는 핵심이 무엇인가?
3. 어떻게 해야 상대방이 나를 도울 수 있는가?
4. 상대방을 만나는 것이 왜 중요한가?
5. 대화의 주제에 대하여 상대방이 어느 정도 알고 있는가?

화를 돋구는 사람,
기운을 북돋는 사람

"사람을 이롭게 하는 말은 마치 솜옷같이 따스하고, 사람을 해롭게 하는 말은 가시덤불같이 아프게 찌른다. 말 한마디라도 소홀히 하지 말아야 한다. 그 한마디가 사람을 상하게 하고 아프게 하기는 칼로 찌르는 것과 다를 것이 없다."

어떤 사람을 만나면 대화 나누는 것이 즐겁고 무언가 자신에게 도움이 된다고 생각되는 반면, 어떤 사람은 만나는 동안 별로 유쾌하지 않고 헤어진 후에도 찜찜한 기분이 느껴지는 사람도 있다.

B는 초등학교 다니는 두 아이를 둔 가장이었지만 실업자가 되었다. 생각보다 실직상태가 오래 가자 친구들을 만나 취직을 부탁하기로 마음먹었다. B의 대학동창은 잘 나가던 B가 실직한 사실

에 놀라는 눈치였다.

"네가 회사에서 쫓겨 날 줄은 정말 몰랐다. 그러게 진작 다른 해결책을 마련해 놨어야지. 요즘 다 어렵다고 아우성인데 어디 마땅한 일자리가 있겠냐? 지금으로서는 방법이 없어. 기다려 보는 수밖에. 커피 값은 내가 낼게. 다음에 보자."

B는 현실적인 절망감과 자신을 귀찮게 생각하는 것 같은 대학동창의 말에 자존심이 몹시 상했다. 낙담하며 보내던 어느 날 B는 절친했던 고향친구를 만나게 되었다. 그는 B의 실직을 자신의 일처럼 안타까워했다.

"그래 고생이 많겠구나. 그래도 이 고비만 넘기면 더 좋은 날이 있을 거야. 사람이 살다보면 이런저런 고비가 한두 번은 오지 않겠나? 좀더 좋은 기회가 있기 위해 이런 일이 생겼는지도 몰라. 그러니 기운을 내. 나도 한번 주위에 부탁해 놓음세. 힘내, 자네는 할 수 있어."

고향친구의 말을 듣고 B는 새로운 희망을 갖기 시작했다.

똑같은 경우라도 B의 대학동창은 화를 돋구는 사람이고, 고향친구는 기운을 북돋는 사람이다. 이처럼 같은 상황이라도 어떻게 말하느냐에 따라 받아들이는 사람이 화가 날 수도 있고 희망적으로 고무될 수도 있다.

가령 성질이 급한 사람을 두고 "넌 성질이 급해서 되는 일이 없어."라고 말한다면 듣는 상대방은 당연히 기분이 나쁠 것이다. 이럴 때는 "넌 성격이 시원시원해서 좋아. 그런데 이 일은 좀 천천히 생각하면 더 좋은 결과를 얻을 수 있을 거야."라고 바꾸어 말하면 상대의 기분을 다치지 않게 하면서도 그의 단점을 충고할 수 있을 것이다.

아무리 좋은 의도라도 상대의 자존심을 상하게 하는 말이나 열등감을 자극하는 말은 하지 말아야 한다. 열등감이란 정도의 차이만 있을 뿐이지 어느 누구에게나 조금씩은 있다. 그리고 상대방은 분명 자신이 열등감을 느끼는 요소가 무엇인지 알고 있는데 상대가 그것까지 지적한다면 더 괴로울 따름이다.

"당신은 제대로 배우지 않았으니까 이 일을 하기는 어려울 겁니다."

"이 일은 당신이 하기에는 너무 위험하고 힘이 듭니다."

상대는 일을 해 보기도 전에 이런 말 때문에 열등감을 갖게 되고 그로 인해 삶에 대한 자신감도 없어진다. 공부를 못하는 아이에게 "너는 공부를 못하니까 성공할 수 없어."라고 말하는 것은 아이의 마음에 치명적인 상처를 줄 뿐이다.

유명한 가수 마돈나는 열네 살 때 크리스토퍼 플린이라는 무용선생을 만났다. 그는 마돈나를 처음 본 순간 이렇게 찬사를 보냈다.

"고대 로마의 신상처럼 아름다운 얼굴이구나."

마돈나는 그 말을 듣고 삶의 에너지를 얻었다고 한다. 그 칭찬 한

마디가 마돈나를 고무시켜 일약 세계적인 스타가 될 수 있었던 것이다. 스타가 된 마돈나는 플린을 정신적 지주이며 연인이며 아버지와 같은 존재로 생각하고 존경했다. 이처럼 한마디의 칭찬이 한 사람의 일생을 빛나게 할 수도 있다.

누구든지 비판을 받으면 기분이 몹시 상하고 하루종일 그 말이 머리 속에서 떠나지 않을 것이다. 무조건 강압적인 자세로 힐책을 하면 상대의 화만 돋구는 결과를 낳는다. 앞에서는 어쩔 수 없이 시정하겠다고 말을 하지만 뒤에서는 비아냥거릴지도 모른다. 진심에서 우러나오는 말로 상대를 감싸주면서 비판한다면 상대방은 기분 좋게 그 문제를 개선할 것이다.

미국 제너럴 휴즈사의 창설자인 프란시스는 부하직원을 힐책한 후에는 자존심이 다치지 않도록 위로의 말을 꼭 함으로써 직원들로부터 존경받는 기업인이 될 수 있었다고 한다. 상대방이 당신의 말을 듣고 마음속으로 '비난을 받았다.'고 생각하지 않고 '격려를 받았다.'고 생각하면 더욱 효과적인 충고가 될 것이다.

뒤에서 욕하는 사람,
앞에서 충고할 줄 아는 사람

G상사의 최 과장은 회사에서 손바닥 잘 비비는 사람으로
이름이 높았다. 그는 부장이 출근하면 벌떡 일어나 90도로 인사
를 했다.

"부장님, 오늘은 좀 늦으셨군요. 차가 많이 밀렸나보죠? 헤헤."

"좀 밀리더군."

"주차는 어떻게 하셨나요? 제가 내려가서 출입구와 가까운 주차
장 빈자리를 찾아보고 다시 주차해 드릴까요?"

비굴해 보일 정도로 몸을 굽실거려가며 부장의 주차까지 신경을
쓰는 최 과장. 하지만 막상 차키를 받아들고 복도를 걸으면서 혼
자 딴소리하기 일쑤였다.

"참 내, 더러워서 정말. 아니, 내가 지 종이야? 지가 부장이면 부

장이지 말이야, 과장인 나한테 주차를 부탁해? 이거 원, 사람이
돼먹질 않았어. 에잇, 재수 없어."

최 과장처럼 "네, 네!"를 연발하던 사람이 막상 상대와 헤어져서
는 "자식, 지가 뭐 그리 잘났다고, 에잇, 재수 없어." 하면서 투덜거
리는 사람들이 있다. 하지만 분명한 것은 그렇게 아부하는 사람을
받아들이는 상대도 그것이 진심이 아니고 단지 자신에게 아부하고
있을 따름이라는 사실을 알고 있다는 것이다.

"저 사람은 지금 나한테 아부하고 있군. 조심해야겠어. 결코 믿을
사람이 못 돼."

이렇게 상대방도 그에 대해 좋지 않은 느낌을 갖고 있다.

우리가 대화를 나누는 데 있어서도 눈 높이를 맞추는 것은 매우
중요하다. 상대방의 지적 수준이나 상황 등에 동조하는 것에서부터
인간적인 교감이 시작되기 때문이다. 하지만 상대에게 무조건 아부
하는 사람은 결코 그와 눈 높이를 맞출 수 없다. '아부를 한다' 는 것
은 결국 상대방에게 무조건 한 수 접고 들어간다는 의미가 포함되
어 있다. 그래서 상대와 헤어지고 나면 자신의 다친 자존심을 회복
하기 위해서라도 상대를 욕하게 되어 있다.

상대가 당신보다 훨씬 지적 수준이 높고 상황이 좋다고 해서 주
눅이 들거나 상대 앞에서 아부할 필요는 없다. 상대는 당신이 생각
하는 것보다 훨씬 덜 지적이고 우월하지 않기 때문이다. 만약 상대

가 정말 지적이고 우아한 사람이라면 그에 걸맞게 행동을 할 것이므로 당신도 그에 따라 행동하면 된다.

상대와 눈 높이를 맞추는 대화는 매우 사려 깊은 행동이다. 눈 높이를 맞추다 보면 저절로 말 높이도 맞추어지고, 눈 높이와 말 높이가 같은 수준에서 대화를 나누다보면 말하는 사람 모두가 즐거워지는 것은 당연하다.

"성질도 못된 게 버르장머리까지 없어."

"너는 말이야, 사회생활 하긴 틀렸어."

"그따위로 일하니까 승진을 못하지."

상대방 앞에서는 아무 말도 못하고 뒤에서 투덜대며 험담하고 불만을 말할 것이 아니라 당당하게, 진심으로 대화하려는 자세가 있어야 한다. 서로 마음을 열고 대화를 하다보면 상대방은 충고도 충분히 받아들일 수 있는 마음이 생길 뿐만 아니라, 그것이 진심으로 자신을 위한 말이라는 것을 안다면 당신에 대한 신뢰의 폭을 스스로 넓힐 것이다.

나 자신이 먼저 당당해지면 상대방에게 굳이 아부할 일이 생기지 않는다. 아부를 하지 않으니 뒤에서 욕할 일도 당연히 없어질 것이다. 당당해지고 진실해지면 상대와 격의 없는 대화가 가능해진다. 그러려면 우선 자기 표현에 당당해져야 한다.

자기 표현이란 말뿐 아니라 어떤 수단이나 도구, 매체라도 가능하다. 말하는 나는 단 한 사람이지만 그것을 받아들이고 대응하는 상대방은 실로 각양각색이 될 수 있다는 것도 명심할 일이다. 쉬운 상대이거나 어려운 상대이거나 가리지 말고 같은 말이라도 진실하게 표현하는 습관을 들이자. 상대에 따라 아부하거나 무시하는 조건부의 사람은 언젠가는 그 진실이 드러나게 마련이다.

인간은 누구나 겉과 속이 조금씩은 다르게 마련이다. 속으로는 상대방이 마음에 들지 않아도 웃어야 하는가 하면, 싫은 일도 때로는 좋은 척해야 한다. 하지만 그런 부분도 삶의 한 단면이라는 것을 인정하면서 대응한다면 보다 인간적인 교류를 할 수 있다.

대화란 서로 주도권을 잡기 위한 싸움이 아니라 서로의 마음을 나누는 조화와 타협이라는 것을 잊지 말자.

 재치 키워드

인간 관계를 원활하게 하는 방법

1. 언제 어디서든 누구에게나 인사를 잘한다.
2. 웃는 얼굴로 상대를 맞이한다.
3. 이름을 부르며 친근함을 표시한다.
4. 항상 관심을 갖고 친절을 베푼다.
5. 진실한 마음으로 상대를 대한다.
6. 비판보다는 칭찬이 상대의 마음을 연다.
7. 상대의 감정과 의견을 존중한다.

우물쭈물 말하는 사람,
자신 있게 말하는 사람

"천년 앞의 일을 보려면 오늘을 살펴야 하고(欲觀
千歲 則數今日) 억만 가지 일에 대해서 알려면 하나둘부터 살펴야
한다(欲知億萬 則心一二)."

순자의 이 말은 현재 내게 부족한 것이 무엇인지, 오늘 내가 무엇
을 잘못하고 있는지를 점검하는 지혜가 필요하다는 의미일 것이다.

전국시대 주나라 왕이 화공들을 불러모아 그림 그리기 대회를
열었다. 화공들은 왕의 앞이므로 예를 갖춰 무릎을 꿇고는 단아
한 자세로 먹을 갈았다. 사방은 오직 먹을 가는 소리만 사각사각
들려올 뿐 아주 조용했다.
그런데 그때 허름한 모습을 한 화공 한 사람이 적요를 뚫고 휘적

휘적 걸어오더니 아주 편한 자세로 바닥에 철퍼덕 주저앉았다. 그러더니 감히 왕 앞에서 윗도리를 벗고는 두 다리를 쭉 펴는 것 아닌가.

'감히 왕 앞에서 저런 모습을 보이다니 이제 저자는 죽었다.'

모든 사람들이 너무 놀라 그렇게 생각하고 있었는데 왕이 그 화공을 불렀다.

"그래 너는 왜 윗도리를 벗었는고?"

"황공하옵니다만, 저는 그래야 더 편안히 그림에 집중할 수가 있습니다. 자고로 그림은 몸과 마음을 다해 완성하는 것입니다."

사람들이 가슴을 졸이며 그 화공을 보고 있는데 왕은 벌을 내리기는커녕 오히려 그를 칭찬했다.

"그대야말로 진정한 화공이로다."

말을 할 때에도 자신감을 가져야 한다. 위의 화공만큼 자신이 하는 일에 자부심을 가지고 당당함을 잃지 않으면 두려울 것이 없고 상대도 그 자신감을 인정해 준다. 많은 사람들은 말 잘하기를 진심으로 원하고 있다. 주변을 둘러보면 의외로 말을 잘하는 것 같은데도 불구하고 신뢰가 가지 않는 사람이 있다. 왜 그럴까? 그것은 가슴에서 우러나오는 말이 아니기 때문이다. 진정으로 말을 잘한다는 것은 유창한 달변이 아니라 가슴에서 진실로 우러나와 상대의 가슴을 울리는 말을 한다는 것이다.

자신 있는 목소리로 정확하고 진지하게 대화를 나눠라. 말을 할 때 정확한 의미를 전달하지 못하고 우물쭈물 거리면 상대는 결코 당신에게 호감을 보이지 않을 것이다. 교섭을 이루는 말은 일단 말에 힘이 있어야 하고 진실되어야 하는 까닭이다.

여러 사람 앞에서 말하게 될 경우라든지 일 대 일의 대화에서도 긴장하거나 주눅이 들어서 해서 말이 잘 안 나오는 경우가 있다. 그럴 때는 자신도 모르게 말을 더듬게 되고 우물거리게 되는데 사회 생활을 하다보면 그것으로 인해 자신감을 잃어버리게 된다.

우물거리는 행위를 자신 있는 모습으로 바꾸려면 상대를 만나기 전에 미리 말해야 할 내용을 충분히 숙지하여야 한다. 혹시 실패하지나 않을까 하는 두려움을 갖거나 준비가 불충분하다면 상대에게 의사 전달을 제대로 할 수 없을 뿐더러 말의 정확성이 떨어져서 자신에 차 있는 모습을 보일 수 없다.

말하는 것에 자신이 없다면 우선 말하기 전에 크게 심호흡을 하며 긴장을 풀어라. 사람은 무엇인가 일을 시작하려고 하면 반드시 긴장이 되는 법이다. 그러니 너무 예민해지지 말고 몸을 가볍게 움직이거나 규칙적으로 깊은 호흡을 하면서 자신 있게 말하고 있는 자신의 모습을 상상하자. 규칙적인 호흡은 긴장감을 풀어주고 목소리에도 탄력을 주어 말을 잘할 수 있게 만든다.

인간 관계는 상대와 나의 거리를 어떻게 조절하느냐에 따라 마음 편하고 즐거워질 수 있는 반면 어색하고 불편해질 수도 있다. 자신

있는 어조로 유머를 섞어가며 말한다면 상대도 즐거워할 것이고 어물거리며 시간만 끈다면 상대는 지루함을 느낄 것이다. 당신도 상대가 당신을 지루하게 만드는 것보다는 즐겁고 유쾌하게 만들어주는 것을 원할 것이다.

자, 이제 자신 있고 당당한 모습으로 말하는 당신을 바라보며 웃고 있는 상대방의 모습이 보이지 않는가? 자신 있는 인간 관계는 자신감 있는 말에서 시작된다.

재치 키워드

재치 있는 감각을 키우는 비결

1. 매일 신문을 거르지 않고 보고 관심 있는 분야는 꼭 스크랩해 둔다. 상대방과 깊이 있는 대화를 할 때 요긴하게 쓰인다.
2. 요즘 유행하고 있는 말들이 무엇인지 알고 있어야 한다. 상대방이 유행어를 말할 때 함께 맞장구쳐 줄 수 있다.
3. 패션 감각에 둔해서도 안 된다. 상대가 멋있게 옷을 입었다면 칭찬 한마디 해 줘라. 대화의 분위기를 살릴 수 있다.
4. 자신만의 개성 있는 화법을 개발하라. 상대가 당신의 이미지를 분명하게 기억할 수 있을 것이다.
5. 수준 있는 유머와 농담을 즐기자. 저속한 농담은 아무리 가까운 상대라도 삼가야 한다.

입으로 말하는 사람,
온몸으로 말하는 사람

다른 사람의 말을 들어 줄 때 적당히 맞장구를 쳐주는 것이 올바른 대화법이다. 맞장구를 칠 때도 온몸으로 말하는 사람이 있는가 하면 입으로만 말하는 사람이 있다. 대화를 나누다보면 어떤 사람은 온몸으로 말을 한다는 느낌이 드는 반면 어떤 사람은 형식적으로 입으로만 말하고 있다고 느껴진다.

김명국씨는 몸짓이 참으로 큰 사람이다. 그와 대화를 나누려면 우선 멀찍이 앉아 있어야 한다. 왜냐하면 그는 대화 도중에 쉴새 없이 손과 발을 움직이며 심지어는 상대의 등이나 팔을 때리기도 한다. 그렇다고 그와의 대화가 즐겁지 않은 것은 아니다. 오히려 그의 큰 몸짓과 호탕한 웃음으로 인해 모임의 분위기가 금세 왁자지껄해진다.

"어제 필드엘 나가지 않았습니까? 그런데 말이지요…….'"

그는 벌떡 일어나 스윙하는 자세를 취하면서 어제 골프 쳤을 때 에피소드를 아주 재미있게 말했다. 김명국씨의 말을 듣고 있으면 마치 같이 골프를 치고 있다는 느낌이 들 정도다.

배한국씨는 모임에 나가면 항상 샐쭉하니 앉아서 사람들의 말을 듣는 편이다. 그리고 어쩌다 말을 할 때도 자기 입속에서만 웅얼거리고 막상 밖으로 잘 들리지 않으니 옆에 앉은 사람도 바짝 귀를 기울여야 한다. 더구나 제스처나 손짓도 거의 없어서 그가 뭘 말하려 하는지 짐작할 수도 없다.

"뭐라구요? 잘 안 들리거든요."

"다시 한번 말씀해 주시겠어요?"

이렇게 사람들이 물으면 배한국씨는 다시 대답해 주지만 그래도 역시 잘 들리지 않는다. 상대는 계속해서 몇 번 묻기가 뭐해 못 들어도 그냥 들은 척하고 넘어간다.

입안에서만 웅얼거리며 말하는 것은 좋지 않은 대화 자세다. 이렇게 자기 혼자 웅얼거리는 사람보다는 차라리 온몸을 던져 말하는 사람이 호감도가 높다.

대화를 하다가 맞장구를 치더라도, 온몸으로 말하는 사람은 "그래, 맞아. 정말 그렇더라고.", "하하하. 그거 정말 재미있군, 그래서 어떻게 됐어?" 하면서 상대에게 바짝 다가서며 재미있는 이야기엔 박수와 웃음을 아끼지 않는다. 하지만 입으로만 말하는 사람은 "그래?", "그런데 뭐?"라고 심드렁하게 대답한다.

대화를 나누는 상대가 몸짓이나 얼굴 표정에 변화가 전혀 없고 심드렁하게 대꾸한다면 말하는 사람은 기운이 빠진다.

상대방의 마음을 열기 위해서는 우선 자신부터 마음의 문을 열어야 한다. 상대에게 진심으로 말하고 있다는 느낌을 갖게 하라. 상대를 인정하면서 따뜻한 관계를 맺는 것이 결국은 서로 마음을 열 수 있는 긴밀한 관계가 되는 출발점이다.

사람들간의 교류에서 가장 중요한 것은 대화 속에서 기쁨과 즐거움을 느끼는 것이라고 할 수 있다. 대화는 사람들이 만나서 의사소통을 하는 가장 효과적인 방법이다. 서로간에 대화를 주고받음으로써 상대의 생각을 알 수 있고 또한 내 생각을 상대방에게 직접 전달할 수 있다. 이때 마음에도 없이 가식적으로 내보이는 행동이 아니라, 말의 효과를 더하기 위해서 몸짓과 손짓 등 제스처를 섞어가며 말하는 것도 좋은 방법이다.

4 재치 화술로 무장하는 7가지 전략

사람은 잠자코 있어서는 안 될 경우에만 말해야 한다.
그리고 자기가 극복해 온 일들만을 말해야 한다.
다른 것은 쓸데없는 것에 지나지 않는다.
— 니체

CHAPTER

28 매사에 긍정적인 사고를 갖자

'신언서판(身言書判)'이란 말이 있다. 생김새, 말씨, 글씨를 보고 사람을 평가한다는 뜻이다. 처음 사람을 대했을 때, 보통 그 사람의 첫인상을 보게 되고, 그 다음에 말씨를 주의 깊게 살펴보게 된다.

그런데 외모는 선천적으로 타고난 것이지만 말씨만큼은 얼마든지 노력하면 바꿀 수 있다. 외모는 둔하게 보일지라도 그 사람이 하는 말이 외모와는 반대로 날카롭고 논리적이라면 상대방은 그 사람에 대한 평가를 다시 내릴 것이다.

주택판매를 하는 세일즈맨 P씨는 수주를 맡긴 K씨와 함께 온 그녀의 이웃집 부인과 신축한 집의 현장을 찾아갔다.

"사모님, 건축부지를 이쪽으로 할까 저쪽으로 할까 망설였는데 역시 모퉁이 땅을 선택한 것은 참 잘한 일었습니다."

"그런가요?"

"현관 위치를 동쪽으로 하신 것도 아주 잘 선택하신 겁니다."

"그래요, 앞이 탁 트인 게 보기에 좋군요."

"벽돌도 갈색으로 선택한 것이 역시 고급스럽고 멋있다고 생각됩니다."

"정말요? 나도 갈색이 어떨까 걱정했는데 해놓고 나니까 멋스럽군요."

'좋았다! 멋있다! 잘 됐다!' 라는 P씨의 화법이 K씨와 함께 온 이웃집 부인의 마음을 사로잡았다. 그 부인은 본래 집을 신축할 의사가 없었으나 P씨와 K씨와의 대화를 옆에서 들으면서 마음이 바뀌었다. 그 부인은 K씨에게 자신의 집 신축을 부탁했다.

이처럼 긍정적으로 이야기하다 보면 안 되던 일도 잘 풀려나가게 되고 상대방마저 긍정적으로 생각하게 만든다. 매사에 부정적으로 생각하는 사람과 대화를 하고 나면 우울증에 빠진 것처럼 기분이 좋지 않다. 하지만 긍정적으로 생각하는 사람과 대화를 하고 나면 무엇인가 자신도 모르게 마음이 즐거워지는 것을 느낄 수 있다. 아마도 상대의 긍정적인 생각과 자신감이 고스란히 전해져 왔기 때문일 것이다.

사회학자인 페스팅거는 '페스팅거 이론'을 주창했다. 이 이론은 소비자가 물건을 선택한 뒤에는 선택한 물건에 대한 매력이 증대되기 때문에, 소비자는 그 선택을 더욱 정당화하기 위한 정보를 찾으려 한다는 것이다. '페스팅거 이론'은 긍정적인 사고가 긍정적인 행동을 낳는다는 것을 보여주었다.

부정적인 생각을 갖고 출발하는 사람은 실패의 확률이 높다. 특히, 세일즈를 하는 사람들이 '고객이 이 물건을 사지 않을 것 같아.'라거나 '이 상품은 너무 비싸서 아무도 관심을 가지지 않을 거야.'와 같은 부정적인 생각을 먼저 한다면 실제로 상품을 많이 팔 수 없다.

물론 무조건 긍정적인 사고만으로 문제가 해결되는 건 아니다. 무슨 일이든지 어떤 상황이든지 자신에게 유리하게만 해석하는 것은 결코 좋은 의미의 긍정적 사고가 아니다. 아무 것도 없는 상황에서 허황한 꿈만 꾸고 있다면 그것은 긍정적인 방향은 아닌 것이다. 진정으로 긍정적인 사고를 하는 사람은 역경 속에서도 희망을 잃지 않는 사람이며 실패를 거울삼아 새로운 계획을 세울 수 있는 사람이다.

어떤 사람들은 나쁜 면을 생각하기조차 싫어하는데 이런 사람들은 만일에 일어날 나쁜 일에 대비조차 하지 않으려 하는 경향이 있다. 이것을 심리학에서 '셀프 서빙 바이어스(self serving bias)'라고 하는데, 자신에게 무조건 유리하게만 생각하는 사고방식이라고 말할 수 있다. 즉, 마치 자신에게는 교통사고나 병, 부도, 실직 아니면 또 다른 어떤 불행이 일어나지 않을 것이라는 기대심리에 기대어 아무런 준비도 하지 않는 것을 의미한다. 이런 자세는 긍정적인 사고라고 말할 수 없다.

인간은 자신의 인생이나 비즈니스에서 당연히 나쁜 상황도 고려해야 하고 어려운 상황에 대한 극복방법도 염두에 두어야 한다. 아무런 준비없이 단순히 나는 잘 될 것이라고 생각하는 사람들은 코앞에 닥친 난관을 헤쳐 나가지 못하고 주저앉고 말기 때문이다.

긍정적인 생각을 하는 사람은 우선 자신감이 넘치는 사람이다. 자신감이란 어떤 일을 성취시키기 위해 꼭 필요한 것이다. 자신감 있는 표정과 말투로 상대에게 접근하는 것이 상대의 마음을 사로잡을 확률이 높다. 자신감이 넘치는 사람은 상대방을 만나기 전에 대화내용이나 상대에 대한 정보를 철저하게 준비하는 노력을 아끼지 않는다.

운동선수가 철저한 기초훈련을 바탕으로 자신의 주 종목에 주력하듯이 세일즈맨이라면 팔고자 하는 상품에 대한 정보를 충분히 숙지한 후 고객을 만나야 한다. 비단 세일즈뿐만 아니라 어떤 일을 기획하고 그 일을 추진하기까지에는 많은 준비가 뒤따라야 한다. 연단에 올라 선 연사가 많은 청중 앞에서 자신감 있는 목소리로 말할 수 있는 것도 사전에 연설 주제를 잘 선정하고 연설문을 제대로 작성하여 수없이 연습한 결과이다.

긍정적 사고 뒤에는 자신감이 있고 자신감 뒤에는 철저한 준비와 노력이 뒤따라야 한다. 이것이야말로 긍정적 사고의 핵심이다. 당신이 먼저 긍정적 사고로 상대방을 대한다면 분명 상대방도 긍정적인 눈으로 당신을 바라볼 것이다.

지금 자신의 상태를 체크해 보라. 당신은 단순히 '셀프 서빙 바이어스'의 상태인가, 아니면 준비된 긍정적 사고로 무장한 상태인가?

재치 키워드

긍정적인 사고를 가진 사람의 행동

1. 어려운 상황에서도 좌절하지 않는다.
2. 여유 있는 웃음을 잃지 않는다.
3. 주어진 업무에 대해 자신감에 차 있다.
4. 늘 철저하게 준비하고 노력한다.
5. 다른 사람의 어려움을 도와주려고 애쓴다.

CHAPTER

29

유행에 민감한
감각을 키우자

　　　　　말에도 나만의 개성과 스타일이 있다. 어떤 사람을
떠올리면 그 사람의 생김새와 함께 대화의 내용이나 말하던 목소리
와 제스처도 함께 떠오르는 경험을 해 보았을 것이다. 이처럼 말은
상대에게 오랫동안 기억될 수 있는 좋은 무기이다. 상대에게 깊은
인상을 남기려면 자기만의 대화 스타일을 찾아야 한다.

CNN의 명사회자 래리 킹은 그의 저서에서, 자신만의 스타일을
갖는 것이 대화하는 데 효과적이라고 말하며 네 명의 변호사를
예로 들었다.
에드워드 베넷 윌리엄 변호사는 '소곤거리듯 말하는 스타일'로
배심원들의 주의를 끌어들였고, 퍼시 포어 맨 변호사는 '사람들

의 감정에 기대어 호소하는 듯한 말'로 성공적인 변론을 마쳤다. 그리고 윌리엄 쿤스틀러 변호사는 마치 '총을 쏘듯 퍼붓는 스타일'의 변론으로 유명했고, 루이스 나이저 변호사는 '여러 판례들을 언급하는 논리적인 말'로 큰 성공을 거두었다.

위의 스타일은 각각 장점도 있지만 단점도 있다. 소곤거리듯 부드럽게 말하는 것은 분위기가 부드럽기는 하지만 상대방에게 강한 인상을 줄 수 없으며, 사람들에게 강하게 호소해야 할 경우 부드러움이 통하지 않을 수 있다. 총을 쏘듯 속사포처럼 말하는 것이야말로 삼가야 할 대화법이다. 상대가 위압감을 느껴 대화를 기피하게 만들거나, 자신 또한 말실수를 할 수 있다. 매사에 논리적인 것 또한 상대를 질리게 할 수 있다. 그러나 이런 단점에도 불구하고 네 사람이 성공할 수 있었던 까닭은 자신만의 색깔을 갖고 당당하게 밀고 나갔기 때문이다.

재치 있는 말로써 상대를 사로잡으려면 방송, 신문, 잡지, 인터넷 등 매체를 읽고 자신이 속한 사회가 어떻게 돌아가는지 시사적인 문제에도 관심을 기울여야 한다. 어떤 상대와 말하다보면 정말 말이 통하지 않는 경우가 있다.

"저 사람은 세상하고 담쌓고 사는 것 같아."

상대에게 이런 말을 듣지 않으려면 열린 눈으로 세상에 대해 관심을 가져야 한다.

또한, 세상사의 전반적인 흐름도 읽어야 하지만 자신이 특별히 관심 있는 분야만큼은 깊이 있게 알아두는 것이 좋다. 깊이 있는 대화를 생각할 때 유의할 점은 상대가 알아듣지 못할 어려운 말은 하지 않는다는 것이다. 자칫 상대방이 불쾌할 수 있으며 흥미를 잃어버릴 수도 있기 때문이다. 어려운 용어는 알기 쉽게 풀이해 주거나 상대가 알아들을 수 있는 예를 들어 상대방도 깊이 있는 대화에 함께 참여할 수 있도록 해야 한다.

하루를 시작하면서 신문, 방송, 잡지, 인터넷 등을 관심 있게 살펴보면 최신 정보를 쉽게 얻을 수 있다. 그러면 자연스럽게 유행감각을 키울 수 있다. 이렇게 얻은 정보들은 자신의 일과도 연관시킬 수 있으며 다른 사람들과의 대화에도 유용하게 쓸 수 있다.

대중 매체는 누구나 가까이 할 수 있으므로 공감대가 그만큼 쉽게 형성된다. 현재 유행되는 단어나 사람들이 관심을 가지고 있는 이슈가 무엇인지 알고 있다면 상대와 훨씬 더 가까운 사이로 발전할 수 있다. 비즈니스일 경우는 경쟁 시대에 살아 남을 수 있는 정보에 한층 더 민감해지면 대중이 생각하는 것이 무엇인지 파악하는 데 큰 도움이 된다.

유행에 뒤떨어지는 사람이라는 인상을 주기보다는 유행에 따른 감각을 키워 나가야 한다. 그러나 무턱대고 유행만을 좇는 것도 능사는 아니다. 유행에 지나치게 민감하다 보면 신중하지 못하고 자기 주관이 없이 이리저리 흔들리는 사람처럼 비칠 수 있다.

유행어를 남발하는 것도 문제가 있다. 때와 장소에 맞지 않는 유행어를 아무 생각 없이 쓰다보면 상대에게 불쾌감을 줄 수 있다. 유행어는 저속한 표현일 경우가 많으므로 유행어를 사용할 때는 분위기와 장소에 맞는 말인지 신중해야 한다. 그러나 때에 맞는 유행어 한마디쯤은 대화의 활력소이며 딱딱한 분위기를 부드럽게 하는 요소가 되기도 한다. 최신 유행어 한두 개쯤은 준비해 두는 재치도 필요하다.

유행 감각을 자신에게 맞도록 세련되게 키우는 능력, 그것이 중요하다. 유행이 무엇인지 알고 있지만 무조건 따라 하지 않는 사람, 자신만의 색깔을 갖고 있는 사람이 진정으로 감각 있는 사람이다. 자신만의 개성 있는 색깔을 갖고 당당하게 말하는 사람은 누구에게나 호감을 줄 것이다.

상대의 의표를 찔러라 30

　사람들의 심리를 이용해 연인들의 프로포즈를 도와주는 이벤트 회사들이 많이 생겨났다. 남자는 이벤트 회사의 도움을 받아 옥상을 빌리고 풍선과 꽃으로 장식한 후 여자를 불러낸다. 멋모르고 있던 여자는 남자의 뜻밖의 프로포즈를 받고 감격하고 남자는 여자에게 반지와 꽃다발을 건네며 청혼을 한다. 여자는 사랑한다는 말을 듣고 남자와 깊은 포옹을 한다. 혹 거절당할 수도 있는 상황을 여자의 의표를 찌르는 재치로 구애에 성공한 예다.

　"대화는 인간을 민감하게 한다."

　프란시스 베이컨은 대화를 잘하기 위해서는 늘 사람의 심리 상태에 적절히 대응할 수 있는 감각을 길러야 한다고 말했다. 대화 감각은 사고력과 판단력을 포함하고 있어야 한다. 사고력과 판단력이 있어야 상대의 의표를 찌르는 말을 할 수 있다. 상대에 대해 판단을 하거나 상대의 말에 대응을 잘하려면 우선 상대에 대해 잘 알아야 한다. 상대에 대한 정보를 분석하고 상대가 무엇을 원하는지 파악 해야 하는 것이다.

보험 판매왕 프랑크 베드거는 그의 저서에서 자신이 어떻게 판 매왕이 될 수 있었는지 밝혔다. 어느 회사의 S사장이 많은 자금 을 차입하려고 했다. 채권자들은 차입금과 같은 액수의 생명보 험에 가입하면 그 돈을 빌려준다는 조건을 내세웠다. S사장은 여 러 보험회사에 연락을 해서 가장 좋은 조건을 선택하려 했다. 이 때 프랑크 베드거가 그 사장을 만나게 되었다.

S사장은 보험 세일즈맨에게 하듯이 안내 책자를 놓고 가면 살펴 보고 연락을 주겠다고 말했다. 하지만 베드거는 안내 책자만 책 상에 놓고 나오는 대신 S사장에게 이렇게 조언했다.

"조건 좋은 보험회사 상품을 고르느라 시간을 낭비하지 마시오. 만약 당신이 시간을 낭비하다 건강이 나빠지면 건강진단 결과에 따라 생명보험에 가입할 수 없소. 보험에 가입하지 못하면 사업 자금을 빌릴 수도 없지 않겠소? 당신에게 무엇보다 우선 순위는 빨리 의사의 진단을 받는 일이오."

그러자 S사장은 그 자리에서 베드거와 보험계약을 체결했다.

프랑크 베드거는 상대의 마음을 읽고 상대의 의표를 찌른 셈이다. 상대를 알려면 그의 주변 상황도 면밀히 살펴보아야 한다. 만약 보험왕 프랑크 베드거가 S사장이 왜 보험을 들려고 하는지 몰랐다면 그런 식으로 말하지 못했을 것이다. 그는 상대의 마음을 읽을 줄 아는 사람이었다.

"성공의 비결이 있다면, 그것은 바로 모든 것을 상대의 입장이 되어 생각할 줄 아는 능력에 있다."

이것은 헨리 포드가 한 말이다. 상대의 입장이 되어 생각을 하면 상대가 원하는 것이 무엇인지 훨씬 잘 읽을 수 있을 뿐더러 상대의 전략을 예측할 수 있어 자신이 원하는 것을 얻는 데 큰 도움이 된다.

실생활에서는 상대방의 말투와 약간의 몸짓, 표정을 정보로 그의 심리상태에 맞는 대화를 이끌어 나갈 수 있다. 예를 들어, 상대방이 가슴을 펴고 고개를 뒤로 제친다면 그는 지금 당신의 말을 재미없어한다는 뜻이므로 재빨리 화제를 바꾸어야 한다. 반대로 상대방이 고개를 앞쪽으로 내미는 행동은 당신의 말에 흥미가 있다는 뜻이므로 지금의 화제를 계속 이어나가면서 비즈니스에 임하는 게 좋다. 또한, 거짓말하는 사람은 손을 주머니에 넣거나 뒤로 숨기려는 경향이 있다. 때로는 거짓말을 감추기 위해 자신의 코나 입을 만지는 동작을 취하기도 한다.

색채 심리학에서는 색깔과 마음이 서로 밀접한 관계가 있다고 주장한다. 따뜻한 계열인 빨간색, 노란색, 주황색을 좋아하는 사람은 외향적이고 파란색, 하얀색과 같은 차가운 계열의 색을 선호하는 사람은 내향적이라고 한다. 그래서 상대방을 강하게 압도하려면 빨간 색상의 옷을 입고, 안정된 분위기 속에서 대화하고 싶다면 갈색이나 검은색 계열의 옷을 입는 것이 좋다.

이런 정보를 바탕으로 먼저 주위에 있는 사람부터 파일을 정리해 놓아라. 비즈니스를 위한 미팅에서 그 동안 쌓아온 파일을 이용한다면 결코 손해 보는 일은 없을 것이다. 이처럼 상대를 만나기 전 충분한 사전준비가 있다면 아무리 어려운 상대라도 주눅이 들지 않고 대화를 유도할 수 있다. 만나야 할 상대가 윗사람이거나 무언가 부탁해야 할 상대라면 더욱 철저한 사전준비가 필요하다.

탈무드에는 "남편을 왕으로 대접하라, 그러면 남편이 아내를 여왕처럼 모실 것이다."란 말이 나온다. 이는 상대의 체면을 살리면 나에게도 좋은 소식이 돌아온다는 의미이다. 그러나 사람들은 대부분 서로 상대가 자신을 왕처럼, 여왕처럼만 받들기를 원하지 상대를 그렇게 대접하는 데는 인색하다.

"그 사람이 그런 말을 할 줄 몰랐어, 예상 밖이야."

이런 말을 할 때의 사람들의 심정은 상대가 한 말에 감동 받았거나 상처받았거나 둘 중 하나일 것이다. 이왕이면 상대가 감동 받을 수 있는 예상 밖의 말을 하는 것이 훨씬 좋다. 상대를 왕처럼 대접하고 상대에게 자신도 그런 대접을 받는다면 인간 관계가 훨씬 부드러워질 것이다.

사람은 의외로 단순한 것에서 감동을 받는다. 사소한 것이라도 상대의 의표를 찌르는 재치는 바로 상대의 마음을 읽는 데서부터 시작한다. 상대가 원하는 것이 무엇인지 안다면 대화의 다음 단계는 훨씬 쉬워진다.

재치 키워드

상대의 의표를 찌르는 재치

1. 상대의 입장에서 문제를 풀어나간다.
2. 상대의 체면을 살려 주어야 한다.
3. 사소한 일에서 상대를 감동시켜야 한다.
4. 상황을 정확하게 판단해야 한다.
5. 자신감을 갖고 대화에 임해야 한다.

31

고정관념을 없애면
상대가 보인다

링컨 대통령이 재임 시절에 있었던 일이다. 육군 장군 에드워드 M. 스탠튼은 링컨을 '저주받을 바보' 라고 비난했다. 스탠튼은 링컨이 자신의 소관업무에 간섭하는 게 싫어서 그런 말을 했던 것이다. 그 말이 링컨의 귀에 들어갔을 때 링컨은 전혀 화를 내지 않고 다음과 같이 말했다.

"스탠튼이 나를 바보라고 한 데는 이유가 있을 거야. 그 사람은 틀린 말을 하지 않거든."

링컨은 직접 스탠튼을 만나 그 이유를 물었다. 스탠튼은 링컨이 내렸던 명령의 부당함에 대해 조목조목 잘못을 지적하였다. 그러자 링컨은 충분한 사전 검증 없이 내렸던 명령을 취소했다.

보통의 사람이라면 자신을 바보라고 말한 상대에 맞서 더 강도 높은 비난을 퍼부었을 것이다. 링컨도 대통령이라는 지위를 이용해 스탠튼을 곤경에 처하게 할 수도 있었을 테지만 그렇게 하지 않았다. 링컨은 진정으로 남들의 비평에 귀 기울일 줄 아는 사람이었던 것이다.

자신의 적이라고 생각한 사람이 오히려 자신을 위한 진정한 비평자일 때가 있다. 그런 사람과 잘 사귀면 앞에서 아부하고 뒤에서 욕하는 사람보다 몇 배는 당신에게 도움이 될 것이다. 무슨 일이든 마찬가지겠지만 상대방과의 관계를 무시한 채 독불장군 식으로 일을 추진해 나가다 보면 실수가 잦은 법이다. 자신보다 경험이 풍부하고 성공한 사람들의 말에 귀 기울여야 한다.

사람들은 늘 알게 모르게 고정관념의 지배를 받고 있다. 그래서 누군가 고정관념을 벗어난 행동을 하면 기이한 눈으로 보기도 한다. 사람들과의 만남도 끼리끼리이다. 자신들과 다른 부류라고 생각이 들면 함께 어울리려고 하지 않는다.

'저 사람은 나하고 안 어울려', '내가 어떻게 저런 사람과 친구가 된단 말인가?' 이런 생각들은 모두 고정관념에서 비롯된다. 『나의 라임 오렌지 나무』에서 뽀루뚜까 아저씨는 어린 제제와 진정한 우정을 나눈다. 물론 문학작품에 나오는 이야기이기는 하지만 현실에서 전혀 불가능한 것은 아니다. 그런데 어른들은 아이들을 가르치려고만 하지 진정으로 교감하려는 노력은 하지 않는다. 마치 자신의 인생에 마이너스가 되는 것처럼 질색을 하는 것이다. 그러나 고 정관념을 버리고 자신과 다른 사람들과 사귀어 보는 것은 폭넓은 인생경험을 하는 데 도움이 된다.

인간적으로 상대방에게 호감을 느끼는 경우는 대부분 자신의 말을 잘 경청해 주고 은연중에 능력이나 자질을 인정해 주는 사람이지, 경솔하게 함부로 말하는 사람이 아니다. 제 흥에 겨워 제멋대로 말하는 사람에게 호감을 갖고 그를 인정해 주는 것은 쉽지 않은 일이다.

대화란 언제 어느 때고 두 사람 이상이 함께 자리하는 것이다. 서로의 경험과 지식을 나누면서 인간적인 교류를 쌓아 가는 것이 대화인데 그 기본을 알지 못한다면 의사소통은 애초부터 끝난 일이다.

중국의 춘추전국시대에는 상대국과 전쟁을 벌일 때도 고위직에서는 적국과 연결고리가 될 만한 몇몇 사안은 남겨 두었다고 한다. 유사시에 정전을 성사시키기 위한 방안이며 자신들을 보호하기 위한 수단이었던 셈이다.

예를 들어, 똑같은 품목을 취급하는 A회사와 B회사가 가격인하를 통해 손님을 모았다고 치자. A회사가 가격을 내리면 A회사 쪽으로 손님이 몰리고, B회사가 가격을 내리면 B회사 쪽으로 손님이 몰렸다. 결국엔 서로 경쟁하듯 가격을 내리던 끝에 두 회사 모두 이익을 얻지 못하고 경영난에 휩싸이게 되고 급기야 문을 닫아야 할 위기에 처하게 될 것이다.

1986년 미국의 자동차 3사인 포드, GM, 클라이슬러는 시장 점유율을 높이기 위해 리베이트 접전을 벌였다. 그로 인해 손실이 커지자 클라이슬러의 아이아코카 회장이 정전할 것을 제의했고 사태는 겨우 수습되었다. 아이아코카는 지나친 경쟁은 서로 제 살을 깎아먹는다고 상대방을 설득했다.

이처럼 경쟁 관계에 있는 사람과도 의사소통이 완전히 막히지 않도록 주의해야 한다. 유사시 협상카드를 내밀기 쉬워지기 때문이다. 또한, 고집불통인 상대도 자신감을 갖고 만나자. 자기 주장이 강한 사람들은 자기 생각 이외엔 전혀 들으려고 하지 않아 대하기가 곤란한 경우가 많다. 나중에는 기가 질려 "당신 마음대로 하세요."라고 결론을 지을 수도 있다. 그러나 이런 사람도 충분히 대화로 설득할 수 있다.

상대의 말에 귀를 기울이고 양보할 것은 양보하면서 핵심적인 조건을 제시하여 타협을 모색하라. 전혀 대화가 통하지 않을 경우 상대의 허를 찌르는 다른 대안을 제시해 보자. 그러면 상대는 서서히 자기 주장만 내세웠던 자세를 누그러뜨릴지도 모른다. 고집불통인 사람에게는 부드러운 대화로 나가는 것도 한 방법이다. 매사에 고집스런 사람도 자신의 말에 귀 기울여 주고 부드럽게 대하는 사람에게는 약하다.

고정관념에 사로잡힌 경직된 사고를 부수면 새로운 인간 관계를 만들어 나갈 수 있다. 고정관념을 버리고 나면 사회 생활이 훨씬 편할 것이며 시야가 더 넓어질 것이다. 또한, 당신이 고정관념으로 묶어 두었던 사람들이 오히려 당신에게 많은 도움을 줄지도 모른다.

재치 키워드

고정관념을 버려야 하는 이유

1. 고정관념에 사로잡히면 자신감이 없어진다.
2. 고정관념을 갖으면 앞으로 나아가는 발전이 없다.
3. 고정관념으로는 상대를 설득하기 어렵다.
4. 고정관념은 현실 감각을 떨어지게 한다.
5. 고정관념에 빠져 있으면 인생의 즐거움을 절반쯤 손해 보고 사는 것과 같다.

재치 있는 말은
요리와 같다

〈바베뜨의 만찬〉이란 외국영화가 있다. 이 영화 속 작은 마을 사람들은 종교적 엄숙함 속에서 빈한하고 경직된 삶을 살고 있었다. 어느 날 전쟁을 피해 일류요리사였던 바베뜨가 그 마을로 찾아든다. 시간이 흘러가도 마을 사람들에게 그녀는 여전히 낯선 존재였지만 바베뜨는 자신이 머물고 있는 집주인 자매와 마을 사람들을 진정으로 이해하려고 하였다. 마을 사람들은 먹을 것이 제대로 놓여 있지 않은 식탁에서 기도를 하고 모임을 가졌으며 굳어 있는 마음을 풀지 못하고 서로를 헐뜯었다.

그러던 어느 날 복권이 당첨된 바베뜨는 그 돈으로 음울함이 가득한 그 마을을 떠날 수도 있었지만 그러지 않았다. 그녀는 마을을 떠나는 대신 온갖 진귀한 음식을 만들고 마을 사람들을 초대하여 잔치를 열었다. 바베뜨가 차려 놓은 풍성한 식탁 앞에서 마을 사람들은 비로소 마음의 문을 열기 시작하였다. 그 동안 서로 시기하고 험담하던 마을 사람들은 바베뜨가 만들어 준 훌륭한 요리를 먹으면서 서로를 감싸 안는다.

훌륭한 요리는 사람의 마음을 바꾸고 마을의 분위기를 바꾸어 놓았다. 이와 같이 재치 있는 말도 훌륭한 요리처럼 인간 관계를 따뜻하게 만들 수 있다.

누군가 자신에게 한 말을 떠올리며 행복해 했던 기억이 있을 것이다. 이처럼 남을 행복하게 해 줄 수 있는 말이 진정으로 재치 있는 말이다. 남을 행복하게 하려면 어떻게 말을 해야 하는가?

우선 상대를 진심으로 좋아해야 한다. 억지로 하는 칭찬이나 마지못해 하는 인사치레는 상대를 기쁘게 하지 못한다. 진심 어린 말 한마디가 백 마디의 가식적인 말보다 효과가 크다. 얼마 전 백혈병을 앓고 있는 친구를 문병하면서 그의 친구들이 모두 머리를 깎은 장면을 담은 TV 광고가 한동안 사람들의 눈길을 사로잡은 적이 있다. 비록 광고였지만 백혈병을 앓는 친구의 마음을 이해하고 사랑을 표시할 줄 알았던 아이들을 보며 사람들은 감동의 눈물을 흘렸다. 이처럼 사소한 것이라도 진심을 담은 말과 행동이 다른 사람을 감동시킬 수 있음을 알고 있지만 그것을 실천하기는 매우 어렵다.

당신의 말을 비유와 은유로 무장해 보라. 비유와 은유는 말의 격을 한층 높이는 수단이 될 수 있다. 무슨 말인지 도통 모르게 말을 하는 사람이 있는가 하면 귀에 쏙쏙 들어오게 말을 하는 사람이 있다. 귀에 잘 들어오게 말하는 사람은 적절한 비유법을 써가면서 상대방의 흥미를 유발한다. 즉 상대방이 즐겁게 이야기를 들을 수 있게 배려하는 것이다. 그런 사람과의 대화는 흥겨운 분위기 속에 이루어지기 때문에 시간 가는 줄도 모른다.

우리가 '말 잘하는 법'을 배우는 것은 인간 관계에서 보다 능률적이고 생산적인 상호관계를 이루자는 데 그 목적이 있다. 당신이 비즈니스에서 성공하고자 한다면, 그리고 진정 재치 있게 말을 잘하고 싶다면 상대의 생각을 존중하고 자신의 의견이 상대의 기분을 상하지 않도록 표현하라. 거칠고 부정적인 말은 비즈니스에서 당연히 실패할 수밖에 없다.

대화는 혼자 말하는 것이 아니라 '말하는 사람'과 '듣는 사람'이 있기 마련이다. 어떻게 상대방에게 당신의 의사를 잘 전달하느냐 하는 것이 대화의 가장 큰 목적이라 할 수 있다.

감탄을 자아내는 비유와 은유의 화법을 구사하는 상대를 보면 부럽기 짝이 없을 것이다. 그러면 그렇게 말할 수 있는 사람은 타고난 것인가? 물론 특별히 그런 재능을 타고난 사람도 있을 수 있다. 그러나 책을 많이 읽고 생각하는 방식을 새롭게 하다보면 당신도 훌륭한 비유법을 구사할 수 있다. 사물의 연관성을 찾아 연결시키는 연습을 해 보라. 자신도 모르게 어느새 비유와 은유로 무장되어 있음을 깨닫게 될 것이다.

　전깃불이 나간 어두운 방안에서 초를 아낀다며 촛불을 켜지 않는다면 어떻게 될까? 마찬가지로 한두 마디의 상냥한 말이면 상대방의 마음을 밝게 해 주고 유쾌한 분위기를 만들 수 있는데도 그렇게 하지 않는다면 그것은 마치 초를 아끼기 위해 어둠 속에 있는 것과 같다. 한 마디의 말이 날카로운 칼이 되기도 하고 혹은 솜처럼 따뜻하고 부드럽게 사람들의 마음을 녹이기도 한다. 어느 쪽을 택할 것인가는 당신의 마음에 달려 있다.

새로운 시각으로
세상을 바라보라

이제 기업은 새로운 시각으로 세상을 바라보기 시작했다. 무조건적인 이윤 추구에서 벗어나 새로운 이미지를 추구하는 기업으로 변신하고 있다. 기업이 이렇게 변화한 원인 중 하나는 바로 소비자들의 시각이 새로워졌기 때문이다. 그래서 현대의 기업은 좋은 이미지를 소비자로부터 얻기 위해 많은 노력을 기울인다. '소비자의 신용을 얻는 브랜드'라는 이미지를 위해서 홍보에 힘을 쏟아 붓고 있는 것이다.

공해의 주범이었던 기업들은 환경 친화적인 기업이미지로 변신을 하고, 기업의 이익만을 추구하던 기업들은 이제 소비자들과 이익을 함께 나누려는 기획을 시도하기도 한다. 아프리카 난민이라든지 학대받는 세계 아동들을 위한 구호 프로그램을 선전한다든지 세계평화를 위해 노력한다는 이미지를 갖기 위해 애쓰는 기업들도 있다. 이 모든 것들은 새로운 시각으로 세상을 바라보려는 노력의 일환일 것이다.

"내 말대로만 해, 그게 가장 좋은 방법이니까."

이벤트 회사의 서 대리는 상사인 김 차장을 이해할 수가 없었다. 고집스러운데다 늘 자기 생각만 옳다고 우기기 때문이다.

"차장님, 저희들 의견도 들어보시고 말씀해 주시면 좋겠는데요."

"의견은 무슨? 다 뻔하지. 작년에도 내 기획안으로 행사가 진행됐잖아."

"그때도 여러 가지 문제점이 발견되지 않았습니까? 이번 이벤트는 다시 재검토를 해야 할 것 같습니다."

"재검토 해 본다고 더 나아질 게 뭐가 있어. 경비만 더 늘어날 뿐이지."

이처럼 자기 고집만 내세우고 아랫사람의 의견을 무시하는 상사나, 무조건 자기 말만 옳다고 우기는 사람은 이제 새로운 기업 환경에서 살아남을 수 없다. 상사가 명령을 내리고 부하직원이 그대로 이행하는 구시대적 발상은 통하지 않는다. 어쩌면 젊은 사원들이 더 기존 시스템을 고집하지 않고 새로운 시각으로 객관적인 판단을 내릴지도 모른다.

이제는 상사와 부하직원이 동등한 입장에서 서로 협력해 나가는 인사관계로 변화하고 있다. 회사내 부서간의 통합이 이루어진다거나 팀워크를 중요시하는 경향도 이런 변화의 분위기를 반영하는 것이다.

　새로운 시각을 가지려면 우리에게 익숙한 주제라도 새로운 관점으로 생각해 보아야 한다. 예를 들면 '사랑'이란 우리에게 매우 익숙한 주제이다. 그런데도 그 사랑을 주제로 한 문학작품이 여전히 인기 있고, 음악도 영화도 사랑에 대해 말하고 있다. 이처럼 사랑이란 주제가 계속 되어도 식상하지 않는 이유는 사랑을 늘 새로운 관점으로 보려고 시도하기 때문일 것이다.

　늘 깨어 있는 사람, 새로운 시각으로 세상을 바라보는 사람은 변화를 두려워하지 않는다. 똑같은 하루 하루를 사는 사람들은 세상에 변화가 없는 것처럼 느껴질 것이다. 그러나 매순간 깨어 있는 사람은 세상의 변화를 빠르게 감지할 수 있다. 그리고 그 변화를 두려워하지 않고 기회로 생각하며 맞서 나간다.

　새로운 시각으로 세상을 바라보려면 열정을 가져야 한다. 열정만큼 인간을 발전시키는 무기도 없다. 세상을 살아가는 열정이 있다면 새로운 시각으로 세상을 바라 볼 수 있는 기초 훈련을 튼튼히 하는 셈이다. 열정이 있으면 도전 정신이 있고 도전하다보면 이루지 못할 것이 없다.

　'우물 안 개구리'는 결코 넓은 세상을 알지 못한다. 시야를 넓혀야만 새로운 시각으로 세상을 바라볼 수 있다. '세상은 넓고 할 일은 많다'고 아무리 말해 주어도 자신의 눈으로 세상을 보지 못한 우물 안 개구리는 그 말을 믿으려 하지 않을 것이다.

실제로 자신이 경험하지 못한 것은 경험 많은 다른 사람에게 듣고 조언을 구하는 것도 좋은 방법이다. 조부모로부터 들어온 옛날 이야기와 경험을 잊지 않고 상대방과의 대화에서 그 사례를 적절하게 활용해 보면 어떨까? 조부모나 다른 주위 어른들이 겪은 생생한 삶의 한 장면은 당신에게 새로운 정보를 전해 주고 그 정보를 바탕으로 새로운 시각을 갖게 할 것이다.

결국엔 당신과 대화를 나누는 사람들은 당신의 풍부한 지식과 새로운 관점에 많은 흥미를 느껴 대화하는 것을 즐기게 될 것이 틀림없다. 새로운 시각을 갖는다는 것은 발전을 의미한다. 남보다 앞선 감각을 갖고 세상에 새롭게 도전해 보자.

재치 키워드

새로운 시각으로 세상을 바라보라

1. 결론을 내리기 전에 한번 거꾸로 생각한다.
2. 쓸데없는 권위 의식은 버린다.
3. 매사에 여유를 갖고 경직된 마음 자세를 바꾼다.
4. 비즈니스 전에는 긴장을 풀고 명상하는 습관을 들인다.
5. 고정관념을 버리고 익숙한 주제를 뒤집어 본다.

유머감각
이렇게 키워라!

연습 1. 반복하고 과장하라

이 세상에서 부단히 연습해서 안 되는 것은 없다. 서커스공연이나 진귀한 마술공연을 보면 잘 알 수 있다. 온몸을 작은 상자에 가두거나 쇠사슬에 손과 발을 묶고 불구덩이 속에서 탈출하는 묘기는 부단한 연습에서 태어난 것이다. 마찬가지로 유머감각도 갈고 닦으면 늘어난다. 그런데 미리 겁부터 먹고 망설인다는 게 문제이다. 유머가 풍부한 사람이 되려면 일단 용기를 가져야 한다. 재치 있는 말 한마디가 상대의 마음을 녹이고 웃음을 선사하여 부드러운 분위기 속에서 대화를 리드해 나갈 수 있다.

대입학원 강사인 고영진씨는 좀 고지식한 편이다. 그는 수학 강의를 맡고 있는데 수강생이 적어 고민이었다. 그는 누구보다 강의를 잘한다고 생각했다. 수강생들이 무슨 문제를 물어보아도 완벽하게 그 해답을 가르쳐 줄 수 있을 뿐더러, 시험 문제도 족집게처럼 잘 집어낼 수 있다고 자부해 왔다.

고영진씨는 자신의 강의가 무엇이 문제인지 곰곰이 생각해 보았다. 그는 생각 끝에 '수학 강의의 개선점'을 묻는 설문지를 수강생들에게 돌렸다. 그러자 강의가 경직되고 딱딱하다는 평이 많이 나왔다. 고영진씨는 강의 처음부터 끝까지 쓸데없는 군소리를 하지 않았다. 오로지 학생들에게 한 문제라도 더 알려 주기 위해 강의에 최선을 다했다. 바로 그런 강의 스타일이 문제였다. 결국은 강의의 윤활유인 유머감각이 부족한 셈이었다.

그때 문득 재수하던 시절 고영진씨가 수강했던 수학강사의 카랑카랑한 목소리가 생생하게 되살아났다. 그 선생님은 수학문제를 푸는 방침을 설명할 때 항상 "빠바바바 방침!"이란 말을 반복해서 수강생들의 주의를 환기시키곤 했다.

"빠바바바 방침!"

그 말과 동시에 선생님은 하늘 높이 손을 올리고 온몸을 흔들었다. 그리고 책상을 세게 차며 "빠바바바 방침!"을 또다시 외쳤다. 그렇게 하면 강의실 안은 웃음바다가 되고 졸고 있던 아이들마저 잠을 깼다. 설사 그 와중에 조는 사람이 있다고 해도 문제

될 것이 없었다. 매처럼 날카로운 눈매의 그 선생님은 졸고 있는 아이를 찾아내어 과장된 팔놀림으로 분필을 던졌다.

수강생들은 선생님의 반복되는 말과 과장된 제스처를 보고 웃으면서 어려운 수학문제를 풀었다. 그래서 그 강의 시간에는 앉을 자리가 부족할 정도였다.

고영진씨는 지루한 강의 시간에 집중할 수 있도록 하는 가장 효과적인 유머는 역시 반복과 과장이란 것을 깨달았다. 다른 어떤 유머 방식보다 짧은 시간에 강력한 효과를 볼 수 있기 때문이다. 드디어 결전의 날, 고영진씨는 두 눈 꼭 감고 나름대로 연습한 것을 수강생들에게 보여 주었다. 자신도 "빠바바바 방침"이라고 외쳐 보기도 했다. 여기저기서 웃음이 새어 나왔고, 그렇게 하루 이틀 가다 보니 고영진씨도 자신감이 생기기 시작했다.

이처럼 단순한 반복과 과장된 유머 한마디로 청중을 사로잡을 수 있다. 유머감각을 높이려면 먼저 반복과 과장된 유머부터 익혀 보자. 누구나 쉽게 당신의 유머에 젖어들게 될 것이다.

연습 2. 직유와 은유로 무장하라

"바파를 뜯는 이유는 얼굴을 가리기 위해서다."

이것은 중국인들의 이중화술을 표현하는 속담이다. 중국인들은 이중화술이 뛰어난 민족이라고 한다. 비파는 미인의 얼굴을 최소 부분만 보여 주어 결점을 가리고, 남자들의 애를 태우는 도구로 쓰이는 셈이다. 비파에 가려진 여자는 아름다워 보이지만 좀더 자세히 살펴본다면 그 흠을 찾아낼 수 있을 것이다.

서양식 교육이 논리적인 사실을 가르치는 것이라면, 중국식 교육은 사물의 내면과 인간의 사유체계를 가르친다. 중국 사람들은 어릴 때부터 비유와 은유를 통한 시적 언어에 익숙하다. 그래서 중국과 무역업을 하는 한국인들은 중국인들의 이중화술 때문에 곤혹스러워 한다. 그들이 원하는 것이 무엇인지, 그들이 말하는 것이 무엇인지 알 수 없어 성질 급하고, 핵심만을 알기 원하는 한국인은 답답할 수밖에 없다.

아이들은 나름대로 은유와 직유법을 잘 구사한다. 아이를 키우다 보면 그들이 쓰는 비유법에 놀랄 때가 있다. 비록 아이가 의도적으로 비유법을 쓴 것은 아니지만 아이처럼 생각해 본다면 훨씬 더 자유롭게 유머를 창조해 낼 수 있을지도 모른다.

정신없이 놀고 있던 4살 여진이가 엄마를 불러댔다.
"엄마, 내 발이 이상해. 발에서 이상한 소리가 나는 것 같아!"
"여진아, 발에서는 소리가 안 나."
엄마는 한 마디로 여진의 말을 묵살해 버렸다.

"아냐, 엄마도 들어봐. 벌레가 기어가는 것 같아."

여진이는 엄마의 귀에 제 발을 바짝 갖다 댔다. 엄마는 그제야 여진의 말뜻을 이해했다. 바닥에서 장난감을 갖고 노는 것에 정신이 팔려 꿇어앉아 있던 여진이가 발에 쥐가 난 것을 그런 식으로 표현했던 것이다.

비유를 통한 유머를 구사하기 위해서는 사물의 특징을 잘 찾아내고 그것과 비교될 수 있는 것이 무엇인지 생각해 본다. 예를 들어, 사람들의 직업별 특징이나 제스처를 구분하고, 특정한 물건의 기능적 특징 같은 것을 연구하여 유머에 응용해 보는 것이다. 은유와 직유법은 얼마든지 유머 창조에 응용할 수 있다. 전혀 어울릴 것 같지 않은 두 개의 사물을 서로 엮음으로써 사람들의 웃음을 자아낼 수도 있다.

연습 3. 제스처와 목소리 특징을 살려라

같은 유머라 하더라도 어떠한 말투와 제스처로서 상대에게 전달하느냐에 따라 웃음의 정도가 달라질 수 있다. 다른 사람에게서 그 유머를 들었을 때는 재미있어서 배꼽이 빠질 정도로 웃었는데, 막상 자신이 상대방에게 그 유머를 전달했을 때는 김 빠진 맥주 맛 같은 경우를 누구나 한번쯤 경험했을 것이다. 이는 단순히 그 이야기의 내용뿐만 아니라, 이야기를 전달하는 사람의 제스처나 표정, 말투가 중요하다는 점을 간과한 것이다. 제스처는 이야기를 맛깔스럽게 할 수 있는 양념이 될 수 있다.

모기영씨의 직업은 소규모 행사의 사회를 보는 사회자이다. 그런데 나름대로 말 하나는 잘한다고 자부하는 모기영씨에게 고민이 생겼다. 다양한 행사마다 모이는 관중도 제각각이라 매번 사회 보는 데 어려움이 생겼다. 무엇보다 모인 관중을 자신에게 집중시키는 일이 곤혹스러웠다. 뭔가 사람들의 귀와 눈을 자신에게 집중시킬 수 있는 기발한 아이디어가 있어야 할 것 같았다.

그래서 생각한 것이 유머다. 유머러스한 이야기로 첫 운을 떼고 지루해질 무렵 다시 알고 있는 유머를 총동원하는 것, 그것만이 살 길 같았다. 모기영씨는 먼저 제스처와 목소리로 관중을 사로잡았다.

"여러분 안녕하세용? 저 맹구예요."

마이크를 잡은 사회자의 목소리가 맹구 목소리, 게다가 맹구처럼 몸을 꼬고 있으니 사람들은 와! 웃음을 터뜨렸다. 일단 기선을 잡는 데 성공, 그 다음 모기영씨는 정색을 하고 멋진 목소리로 사회를 보기 시작하였다. 사람들은 조금 전과는 다르게 변신한 모기영씨에게 또 한번 시선을 집중했다.

그런 식으로 모기영씨는 행사의 특성을 파악해 유머 소재도 분류해 놓았다. 가족 행사에는 어른과 아이들이 모두 수용할 수 있는 범위내에서 유머를 구사하였다. 남녀의 미팅에서는 야한 유머도 선보이면서 좀더 자유롭게 말했고, 청소년 행사는 최신 유행 유머를 준비했다.

그렇지만 정말 중요한 것은 어떤 이야기보다 모기영씨의 이야기에 집중할 수 있도록 적절한 목소리와 제스처를 취하는 일이었다. 모기영씨는 개그 프로그램을 보면서 직접 따라 연기를 해 보기도 하고 아이디어를 얻기도 했다. 마침내 그만의 노하우로 모기영씨는 점점 인기 있는 사회자로 자리 잡아갔다.

개그맨들은 목소리와 제스처만으로도 얼마든지 사람들을 웃길수 있다. 그들의 목소리와 표정은 참으로 다양하게 변한다. 말 한마디 없이도 관중을 웃길 수 있는 것은 제스처와 표정 때문이다. 특정 동물의 특징을 콕 집어내는 연기, 표정이나 몸짓만으로 표현하는 팬터마임 등은 대사 없이도 사람들을 울고 웃게 만들 수 있다.

제스처와 표정만으로도 우리를 가장 많이 웃게 만든 코미디언으로 단연코 이주일씨를 꼽을 수 있을 것이다. '수지 큐' 음악에 맞춰 걸었던 특이한 걸음걸이와 얼굴 표정은 단숨에 전 국민을 사로잡았다. 그리고 세계적으로 유명한 찰리 채플린 또한 몸으로 연기를 하고 사람들은 그의 연기를 보고 웃고 울었다. 이처럼 제스처나 표정은 유머를 빛내 주는 훌륭한 도구이다.

또한, 각 인물의 캐릭터에 맞게 목소리를 구사함으로써 웃음을 자아내기도 한다. 요사이 여장으로 인기를 끌고 있는 한 개그맨은 목소리 하나만으로도 사람들을 웃게 만들었다. 남자임에도 여자 목소리를 흉내내고, 여장을 했으면서도 갑자기 남자 목소리로 변해 사람들을 놀라게 한다.

자신의 목소리가 너무 가늘거나 갈라지는 소리라 하더라도 실망할 필요는 없다. 유머에 어울리지 않는 목소리는 존재하지 않는다. 다만 유머러스한 상황을 어떠한 목소리로 어떻게 표현해야 하는지, 제스처는 어떻게 해야 하는지 잘 모를 뿐이다.

유머를 잘하도록 타고난 사람은 없다. 모두 노력의 결실일 뿐이다. 단순한 순발력이나 언어감각에만 의지하지 않고 끊임없이 유머의 소재를 발굴하고 연습해야 유머리스트로서 거듭날 수 있다.

연습 4. 다른 사람의 유머에 장단을 맞춰라

유머리스트들이 대부분 너그러운 이미지를 풍기는 것은 편협하지 않은 열린 마음으로 상대방을 대하기 때문이다. 아무리 말을 잘하고 유머가 풍부할지라도 상대방의 유머에 "흥, 저것도 유머랍시고……." 또는 "참, 유치해서 못 들어주겠군." 하는 마음가짐으로 상대를 깔보는 사람은 진정한 유머리스트라고 할 수 없다.

사내에서 '유머맨' 으로 통하는 우 대리는 강력한 라이벌을 만났다. 그 라이벌은 새로 발령 받아 부서를 옮긴 김 대리였다. 회식자리에서 김 대리는 우 대리가 누렸던 영광을 고스란히 앗아갔다.

"어머, 김 대리님 정말 유머 짱이에요."

그 동안 우 대리의 유머에 깔깔댔던 직원들이 모두 김 대리 앞에 얼굴을 들이밀고 있었다. 김 대리는 더욱 신이 나서 말했다.

"어떤 사람이 동물원에 구경을 갔어요. 그런데 코끼리 조련사 한 명이 울고 있었어요. 그 사람이 왜 울고 있었는지 아세요?"

"코끼리가 죽어서 슬퍼서 그런 거 아녜요?"

"노, 그 사람이 코끼리 무덤을 파야 했거든요."

직원들은 그 말에 박장대소했지만 우 대리는 재미없는 척하면서 일부러 웃지 않았다. 이번엔 우 대리 차례였다.

"좋은 치아를 유지할 수 있는 세 가지 규칙은 무엇일까요?"

우 대리의 질문에 직원들은 '이를 하루 세 번 닦는다' 와 같은 답을 내놓았다.

"첫째, 식사 후 이 닦기 둘째, 1년에 한 번 치과의사 찾아가기 셋째, 남의 일에 쓸데없이 끼어들지 않기."

"에잇! 하나도 안 웃겨요."

아무도 웃지 않자 우 대리는 무안해졌다. 그때 갑자기 김 대리가 손뼉까지 치며 큰소리로 웃어 제치는 것이었다.

"정말, 웃기네요. 맞아요. 나도 괜히 남의 일에 끼어들었다 앞니가 부러진 적 있었거든요."

우 대리는 김 대리의 마음 씀씀이가 정말 고마웠다. 김 대리야말로 자신보다 마음이 넓은 진정한 유머리스트라는 생각이 들었다.

상대방이 별로 재미있지도 않은 이야기를 해도 기꺼이 웃어주는 사람, 그 유머에 맞는 맞장구를 쳐주어 상대의 마음을 기쁘게 할 줄 아는 사람, 단지 상대방이 말장난으로 시작했다 하더라도 적당한 유머의 맞장구로서 대화의 질을 한층 높일 줄 아는 사람이 진정 유머를 즐길 줄 아는 사람이다.

상대의 말이나 유머에 마음을 열고 기꺼이 웃으며 장단을 맞추다 보면 자신도 모르는 사이에 유머감각이 좋아지는 것을 느낄 수 있을 것이다. 그것이 원활한 인간 관계의 지름길이다.

연습 5. 분위기를 파악하고 발상의 전환을 꿈꿔라

아프리카 사람들이 맨발인 것을 본 한 세일즈맨은 그들에게 신발을 팔 수 없다고 생각하고 낙담했지만, 또 다른 세일즈맨은 모두 신발을 신지 않았으니 신발을 더 많이 팔 수 있을 거라고 좋아했다는 유명한 이야기가 있다.

이와 같이 대형 냉장고가 있지만 김치 냉장고를 만들어 히트시킨 것이나 아프리카에서도 모피 코트를 팔 수 있는 것 모두 발상의 전환이 있었기 때문에 가능했다.

새로운 시각을 가지려면 변화를 두려워하지 말아야 한다. 직장생활을 할 때 조그만 변화에도 안절부절하는 사람이 있다. 편안히 안주하기만을 바라는 안일한 생각이 변화를 두려워하게 했을 것이다. 변화하지 않으면 발전도 없다. 변화하려면 늘 새로운 것을 생각하고 정보를 수집하려는 노력이 필요하다.

매출이 급감하던 어느 항공사는 기내방송에 재치 있는 유머를 가미함으로써 매출을 끌어올렸다. 비행기가 이륙을 했다. 장거리 여행에 따분한 승객들은 기내방송 따위엔 관심을 두지 않고 하품만 해댔다. 재치 있는 기내방송이 흘러나온 건 바로 그때였다.

"저희 비행기는 모두 금연구역입니다. 담배를 피우시려면 밖에 나가셔서 비행기 날개 위에 편안히 앉아서 피우십시오."

"하하하! 담배를 비행기 날개 위에서 피우래."

"우하하하, 정말 재미있는 멘트다!"

기내방송을 들은 승객들은 배를 잡고 폭소를 터뜨렸다. 그 항공사는 승객들의 호응을 얻어 불황에서 탈출할 수 있었다. 승객들은 다소 지루하기도 하고 안전에 대해 걱정스럽기도 한 비행시간을 이런 재치 있는 유머 한마디로 즐겁게 보낼 수 있었으니 그야말로 일거양득인 셈이었다.

이처럼 경직될 수밖에 없는 상황에서도 고정관념을 벗어난 재치 있는 유머가 분위기를 바꿀 수 있음을 알 수 있다.

인도의 정신적 지도자 마하트마 간디도 "유머를 즐길 수 있는 센스가 없었다면 오랜 투쟁을 견딜 수 없었을 것이다."라고 말한 적이 있을 만큼 유머를 즐겼다고 한다.

세상이 각박해져 갈수록 재치 있는 유머는 사람들 사이를 부드럽게 연결하는 고리 역할을 할 수 있다. 그렇다고 해서 아무 때나 유머를 사용할 수 있는 것은 아니다. 그러므로 생각 없이 유머를 남발하기보다 대화의 분위기 파악이 우선되어야 한다. 몇 시간씩 이어지는 비즈니스 상담이나 거래처와의 술자리에서 톡톡 튀는 유머 한마디 없다면 답답하고 견디기 힘들 것이다. 하지만 분위기 파악도 제대로 하지 못한 상태에서 유머라고 내뱉은 말은 오히려 분위기를 망칠 수 있을 뿐만 아니라, 비즈니스가 뭔지 모르는 사람이라고 무시당할 수도 있다.

새로운 시각으로 우리에게 익숙한 주제라도 다른 각도로 바라보자. 상황을 삐딱하게도 보기도 하고 그 단면을 잘라 보기도 하고, 항상 위에서 아래를 볼 것이 아니라 아래에서 위를 바라보기도 해

야 그 사물의 실체를 알 수가 있다. 사물의 본질을 깨우치고 삶의
실체를 알면 보다 차원 높은 유머를 구사할 수 있다.

말 잘하는 사람들의 공통점

1. 익숙한 주제도 새로운 시각과 관점에서 바라본다.
2. 다양한 논점과 경험에 대해 생각한다.
3. 자신의 일에 열정적이다.
4. 자신의 생각만을 주장하지 않는다.
5. 상대에게 공감을 표시하고 상대의 입장에서 말할 줄 안다.
6. 유머감각이 있다.
7. 자기만의 독특한 스타일이 있다.

5 성공하는 직장인이

되는 비결

말을 할 때는 자신이 이미 알고 있는 것만 말하고,
들을 때는 다른 사람이 알고 있는 것을 배워야 한다.
—루이스 맨스

35 재치 있는 상사는 노력하기 나름이다

직장생활을 하면서 재치 있는 상사, 믿음직스럽고 존경할 만한 상사를 만나는 것은 큰 행운이다. 그런 상사에게는 유능한 부하직원이 많이 따르게 마련이다. 물론 타고난 재치나 순발력이 필요하겠지만 재치 있는 상사도 노력하기 나름이다.

요즘 신입사원들은 개성이 강하고 나름대로 자기 주장도 많다. 이런 직원들과 원만한 관계를 이루려면 직원들의 개성을 존중해 주어야 한다. 한 발 나아가 부하직원의 개성에 따라 대하는 방법을 달리 하는 것도 바람직하다. 부하직원이 관심 갖고 있는 분야가 무엇인지, 취미 생활은 어떤 것인지 정도를 알고 있다면 대화하는 데 많은 도움이 된다.

김선희씨는 회사생활을 한 지 3년이 지났다. 매사에 의욕도 없고 회사생활이 점점 지겨워지기 시작했다. 할 수만 있다면 결혼해서 일을 그만두고 싶지만 딱히 좋은 남자도 없었다. 그러다 우연히 친구의 권유로 재즈댄스를 배우기 시작했다. 그녀는 늘어나는 군살도 없애고 생활의 활력도 얻었다. 전처럼 직장생활도 지겹지 않았다.

"김선희씨, 요즘 재즈댄스를 배운다지, 아주 멋져요! 언제 기회가 되면 보고 싶군요."

"과장님, 그거 어떻게 아셨어요?"

"다 아는 수가 있지요. 요사이 김선희씨 얼굴에 화색이 도는데 참 좋아 보여. 아 참, 이번 기획안도 아주 좋았어요. 부장님이 칭찬하시던데……."

"다 과장님이 잘 이끌어 주신 덕분이죠 뭐."

김선희씨는 자신의 취미 생활에도 관심을 갖고 있는 과장에게 고마움을 느꼈다. 또한 그런 과장에게 친근감도 갖게 되어 회사 일하는 것이 전보다 즐거워졌다.

재치 있는 상사라면 부하직원들이 좋아하는 것이 무엇이고 취미는 무엇인지 정도는 알고 관심을 기울인다. 그리고 할 수만 있다면 부하직원과 공통의 취미 생활을 즐겨 그 거리를 좁히는 것도 좋은 방법이다.

상사는 부하직원이 본인 나름대로 열심히 일을 할 때는 지나치게 간섭을 하거나 잔소리를 하지 않는 것이 바람직하다. 적당한 관심 표명은 사기를 높이는 데 도움이 되지만 일일이 체크하고 꼬치꼬치 캐묻는 것은 오히려 역효과를 불러일으킬 수 있다. 그리고 부하직원에게 조언을 해야 할 경우에는 자신이 할 말을 정리한 후 중언부언하지 않도록 해야 한다. 항상 지나치게 설교조로 이야기하는 것은 상대를 피곤하게 하고 시간까지 낭비하는 결과를 초래한다.

무엇보다 먼저 부하직원을 따뜻하게 감싸는 포용력이 있어야 한다. 외부에서 힘들게 일하고 온 부하직원에게 활력을 불어넣는 말로 격려를 해 주거나 어려운 일을 해 낸 부하직원에게 칭찬을 아끼지 않는다.

영업부의 오 부장은 부하직원들에게 인기 있는 상사이다. 그의 인기 비결은 아주 간단했다.

"정찬영씨, 수고했어요. 오늘 날도 더운데."

오 부장은 거래처에 다녀온 정찬영씨의 어깨를 두드리며 격려의 말을 아끼지 않았다.

"몸은 땀에 젖었지만 거래처와 일이 잘 풀려서 기분 좋습니다."

"그러게, 다 정찬영씨가 능력이 있어서 그렇지."

"부장님도 별말씀을……."

정찬영씨는 오 부장의 칭찬에 어깨가 으쓱해지고 기분이 좋아졌다. 오 부장의 인기 비결은 바로 부하직원을 잘 다독이는 격려의 말 한마디였다.

　칭찬할 때와 야단칠 때를 구별하여 찬스를 잘 잡는 것도 재치 있는 상사의 능력이다. 이유 없이 아무 때나 칭찬하면 그 칭찬이 진심이 아닌 것처럼 느껴질 터이고, 아무 때나 장소 가리지 않고 야단을 치면 부하직원은 몹시 기분이 나빠 상사에 대해 반발심만 커질 수 있다.

　부하직원이 업무에 대해 상세하게 알고 싶어하면 구체적으로 가르쳐 주는 것도 상사의 몫이다. 그런데 어떤 사람들은 대충 아웃라인만 알려주고 나서 "자, 다 알았지?"라고 물어 본다. 물론 부하직원이 "알았다."는 대답 이외엔 못하게 입막음까지 해 버린다. 이런 사람은 절대로 환영받지 못한다. 부하직원은 업무를 숙지하지 못한 채 혼자 쩔쩔매며 일하면서 그 상사를 욕할지도 모른다. 지나친 간섭도 안 되지만 나 몰라라 방치해 놓고 일이 잘 진행되기를 기대하는 것도 무리다.

　재치 있는 상사라면 업무의 균형을 맞춰 부하직원이 일할 수 있는 분위기를 만들어 줄 것이다. 부하직원에게 일을 맡길 때는 상대방을 인정하는 화법으로 말하는 것이 바람직하다.

　"김 과장이 이 일에 제일 적임자라고 생각했어요."

　"자네를 믿네. 내가 도와줄 테니까 잘해 보세."

그런 말을 듣는다면 부하직원은 정말로 자신이 유능한 사원처럼 여겨질 것이고 그에 대한 기대치를 저버리지 않기 위해서라도 최선을 다해 일할 것이다. 더욱 중요한 것은 부하직원에게 일을 맡길 때는 일방적인 명령보다는 협력을 의뢰한다는 생각을 가져야 한다.

또한, 재치 있는 상사는 부하의 도전을 두려워하지 않는다. 재기발랄한 젊고 유능한 부하직원이 뒤쫓아오는 것을 겁내며 전전긍긍한다면 아무 일도 할 수 없다. 앞서가는 상사는 미래에 대한 준비, 부하의 도전에 대한 준비를 게을리 하지 않는다. 인내와 자기 통제력도 재치 있는 상사의 덕목 중 하나이다.

재치 키워드

재치 있는 상사의 마음가짐

1. 쓸데없는 잔소리를 하지 않는다.
2. 지위를 과시하는 언행을 하지 않는다.
3. 세대차이를 극복하려고 노력한다.
4. 동료의 도전을 두려워하지 않는다.
5. 부하직원을 칭찬하는 데 인색하지 않는다.
6. 일방적인 강요가 아닌 협력을 강조한다.
7. 직원들을 아우르는 포용력을 갖추어야 한다.

아낌없이 책임지고,
아낌없이 칭찬하라

샐러리맨들은 이런 저런 이유로 인해 스트레스에 시달린다. 아마도 '직장'이란 조직에 몸을 담고 있는 대다수의 사람들이 필연적으로 겪어야만 되는 일종의 '운명'일 수도 있다. 특히 상사와 부하직원이라는 관계에서 발생하는 문제는 직장 생활을 힘들게 하는 큰 요인이 된다.

A무역상사의 K부장은 나름대로의 직장 철학을 가지고 있었다. 10여 년 동안 근무하면서 익힌 그만의 처세술은 '상사에겐 고개를 수그리고 부하직원에겐 군림하자!'는 것이었다. K부장은 10여 명의 부하직원들을 몰아치면서 '나도 힘들게 말단직원부터 시작했으니, 너희도 한번 고생해 봐라.'는 생각으로 그들을 대했다.

직원들이 밤새도록 작성한 결재서류나 기획안은 K부장의 손으로 가면 한 번에 통과되는 일이 없었다. 사무실 청소는 물론 직원 개인의 책상정리까지 시시콜콜 간섭하고 호통을 치는 일이 K부장의 하루 일과였다. 심지어 여직원들의 복장까지도 간섭을 해야 직성이 풀리는 사람이었다.

부하직원들은 K부장에 대한 불만이 점점 쌓여갔다. 회식자리에서 노골적으로 불만을 표시하는 직원들이 생기게 되자, K부장도 적잖이 충격을 받은 듯했다.

"나에 대한 불만을 이 자리에서 다 이야기해라. 내일부터 새로운 사무실 분위기를 만들어보자."

부하직원들은 K부장의 말을 믿고 그 동안 있었던 서운한 점을 이야기했고, 때로는 과격한 발언도 나왔다. 모두 상사인 K부장이 조금 더 따뜻하게 직원들을 대해 주기를 바라는 말이었다. 그렇게 서로 대화를 나누다보니 K부장도 부하직원들의 마음을 헤아려주는 것처럼 보였다. 그러나 다음날, K부장의 모습에선 찬바람이 일었다.

"요새 애들은 키워주면 한없이 기어오른다니까!"

그러자 부하직원들은 '역시나 K부장은 어쩔 수 없어.' 라는 생각을 가지게 되었다. 그 후부터 K부장은 부하직원들에게 철저하게 따돌림을 당하기 시작했다. 그들은 K부장과 함께 점심식사 한 끼도 하려 들지 않았고 집안 경조사에 부르지도 않았다.

비록 회사에서는 철저하게 부하직원에게 군림하는 것처럼 보이지만 과연 K부장이 행복한 직장인이라고 할 수 있을까? 부하직원에게 존경받는 상사가 되려면 먼저 직원들의 불만을 잘 파악해 구성원들이 서로 협력하고 융화할 수 있도록 해야 한다.

"아, 일을 이렇게 밖에 못해? 내가 자네들 위치에선 이렇게 일을 안 했어."

"세상이 바뀌었다지만 옷차림이 그게 뭔가? 그게 개성인가?"

마치 군대 조교처럼 부하직원들을 훈련시키려 하는 상사, 칭찬에 인색한 상사는 직장에서 환영받지 못한다.

"이 기획안은 내가 생각하기엔 이렇게 바꾸는 것이 좋을 듯한데, 자네 생각은 어떤가?"

"어제 자네들이 지적한 내 잘못을 바꾸려고 노력하고 있네. 한 순간에 바뀔 수는 없지만, 노력할 테니 그때까지 이해해 주게."

만약 K부장이 화법을 바꿔 이렇게 말한다면, 부하직원들은 K부장을 새롭게 볼 것이다. 아마도 K부장은 무시당하는 상사가 아닌 존경받는 상사로 탈바꿈할 수도 있을 것이다.

"제가 부덕해서 팀워크를 잘 살리지 못했습니다. 전적으로 저의 잘못이 큽니다."

"팀원들은 각자 맡은 바 역할을 열심히 했습니다. 다만, 제가 방향을 잘못 잡은 것 같습니다."

문제가 발생했을 때 이렇게 말하는 상사가 과연 몇이나 될까? 자신의 잘못을 솔직히 인정하는 상사, 부하의 잘못을 자기 책임으로 인식하는 상사는 틀림없이 환영받을 것이다.

"부하의 잘못을 자기의 책임으로 돌리는 사람은 훌륭한 지도자이다. 어리석은 지도자는 자기 잘못까지도 부하의 책임으로 돌린다."

이것은 18세기 이탈리아 정치가인 마치니의 말이다.

치유(healing)와 격려(encouragement)는 바로 상사가 담당해야 할 몫이다. 상사는 부하직원들의 고민을 풀어주고 의욕을 북돋아 주어야 할 위치에 있다. 아랫사람을 나무랄 때는 호되게 하더라도 격려할 때는 아낌없이 칭찬하라. 균형 있는 비판과 격려를 통해 부하직원이 성장하는 데 도움을 주는 상사가 진정으로 존경받는 상사이다.

CHAPTER

37

무조건 반말은
절대 금물!

"**이봐**, 내가 지시한 것은 바로 끝냈어야지. 이게 뭐야! 아직도 못했어?"

정 과장이 큰소리를 내자 직원들은 모두들 고개를 푹 숙이고 있었다.

"지금 하고 있는 중인데요."

최영미씨는 기어 들어가는 소리로 겨우 대답했다.

"하여간에 내가 맘놓고 일을 못 맡긴다니까. 나갔다 올 동안에 다 마무리해 놔."

정 과장이 나가자 직원들은 한숨을 푹푹 내쉬었다.

"아휴, 정말 기분 나빠. 좀 곱게 말하면 누가 뭐라나! 최영미씨, 너무 속상해 하지마. 정 과장 원래 저렇게 말하는 사람이잖아."

선배들이 그렇게 위로의 말을 하지 않았다면 최영미씨는 그만 울음을 터뜨릴 뻔했다. 잠시 후, 들어온 정 과장은 다시 최영미 씨의 속을 뒤집어 놓았다.

"최영미, 일을 이것밖에 못하냐?"

그녀는 일을 잘하고 못하고를 떠나 자신에게 무조건 반말을 하는 정 과장의 행동을 더 이상 두고볼 수만은 없었다.

"과장님, 어떻게 그렇게 아무렇게 말씀하실 수 있으세요? 제가 과장님한테 야, 자, 소리 들으려고 힘들게 대학공부 하고 이 회사에 취직한 줄 아세요?"

옆에 있던 사람들이 놀라서 최영미씨를 말렸지만 이미 화가 난 그녀는 회사를 그만 두는 한이 있더라도 따져야겠다는 생각뿐이었다. 일이 크게 번지자 다른 직원들도 최영미씨의 의견에 동조하였다. 너도나도 정 과장에게 그 동안 가지고 있던 불만을 토로했다.

그런 일이 있고 난 후, 여론에 밀려 정 과장은 업무지시를 내릴 때나 공적인 자리에서 반말을 할 수 없었다. 직원들은 정 과장에게 꼬투리를 잡히지 않으려고 일도 더 철저하게 해 내려고 노력하였다.

때로 부하직원의 의견이 업무진행에 맞지 않고 위험한 발상이라고 여겨질 때가 있다. 그러나 합리적인 충고나 대안 없이 무조건 기분 나쁜 말투로 "안 돼!"라고 말하면, 부하직원들에게 신뢰를 잃는 것은 물론 좋은 상사로서의 이미지를 얻을 수 없다.

"우리 직원들은 모두 각자 대단한 능력을 가지고 있다고 봅니다. 하지만 서로를 이해하는 팀워크가 부족한 것 같아요. 개인의 능력과 팀워크가 조화를 이룬다면, 타부서 직원들에 비해 월등히 발전하는 팀이 될 것이라고 믿습니다."

얼마나 멋진 상사의 모습인가. 직원들을 질책하는 말이 분명한데, 듣기에 따라서는 칭찬의 말이 되기도 하면서 문제점을 정확히 지적해 낸 화법이다. 더욱이 처음부터 끝까지 경어를 쓰면서 직원들의 사기를 올려주고 있다.

이처럼 똑같은 말이라도 경어로 지시한다면 상대방은 존중받는다는 느낌이 들기 때문에, 그 일을 더욱 잘해 내고 싶은 마음이 생기고 업무에 최선을 다할 것이다. 그러나 반말을 사용한다면 자신을 무시한다는 느낌 때문에 감정적이 되기 쉽고 업무의 효율성도 떨어지게 될 것이다.

뿐만 아니라 시대의 흐름도 잘 읽어 신세대 직원들과의 간격을 좁힌다면 더 멋진 상사가 될 수 있다.

"요즘 N이라는 힙합가수가 그렇게 인기가 좋다면서요? 나도 그 가수의 노래를 몇 번 들었는데 아주 좋던데."

"부장님이 어떻게 그 가수를 다 아세요? 정말 멋지세요."

직원들은 세대차의 벽을 깨려고 노력하는 부장의 모습이 멋지다고 박수를 쳐주었다. 요즘 신세대들은 자신이 부당한 대우를 받는다고 생각하면 그냥 꾹 참고 넘어가지 않는다. 부하직원이 어리다고 해서 또, 단지 부하직원이라는 이유만으로 함부로 반말을 하고 무시하는 행위는 더 이상 먹혀들지 않는다.

재치 키워드

직장인이 싫어하는 말말말

1. "일 하나도 제대로 못하면서 바라는 것만 많고……."
2. "부장인 내가 없으면 우리 부서는 되는 일이 없어."
3. "시간을 그렇게 많이 주었는데 여태 그 일을 못했나? 일하기 싫으면 당장 그만 둬!"
4. "내 그럴 줄 알았지, 믿거라 맡겼더니 이게 무슨 꼴이람."
5. "잔말말고 내 말대로 하기나 해."

상대방의 인격을
존중하며 말하라

비판이란 하는 사람이나 듣는 사람 모두 곤혹스럽게 만드는 것이다. 그렇다고 비판을 무조건 피할 수만은 없다. 당연히 잘잘못을 따지고 넘어가야 할 때가 있는 법이다. 하지만 잘못을 지적할 때도 요령이 있어야 한다. 서로 기분을 상하지 않는 범위 내에서 이루어져야 하고, 또한 잘못된 부분은 제대로 시정될 수 있도록 대안도 함께 제시해야 한다.

그리고 부하의 잘못을 지적할 때는 업무적인 일에만 국한해야 한다. 사적인 일까지 시시콜콜 따지며 부하직원의 인격까지 비판하는 경우에는 엉뚱한 방향으로 일이 커질 수가 있다.

"항상 게으르니까 일 진행 속도가 그렇게 느리지 않나?"

서진철씨는 이런 말을 김 과장에게 들을 때 몹시 기분이 나빴다. 자신이 무슨 일을 잘못하면 김 과장은 서진철씨의 느린 행동을 탓했다.

"제가 행동이 느린 건 사실이지만 과장님이 그렇게 아무 때나 그걸 갖다 붙이는 건 너무 심하지 않나요?"

서진철씨는 화가 나서 과장에게 따졌다.

"심하긴 뭐가 심해, 다른 사람 같으면 벌써 다 했을 일을…… 자네는 매번 그 모양이야."

서진철씨는 김 과장이 자신의 인격까지 모욕한다는 생각이 들었다.

"그러는 과장님은 만년 과장 아니십니까? 다른 동기들은 벌써 승진했는데."

서진철씨는 화가 나서 해서는 안 될 말까지 했다. 서로의 인격을 모욕하는 말이 오고가고 분위기는 더욱 험악해졌다. 결국 서진철씨는 회사를 그만두고 말았다.

현명한 상사라면 부하직원의 인격을 모독하는 말은 삼가했을 것이다. 아무리 자신이 높은 지위에 있더라도 아랫사람을 함부로 대해서는 안 된다. 서로의 인격을 생각하지 않은 말은 상대에게 큰 상처를 안겨 주고 그 자신도 상처를 받는 결과를 낳는다. 또, 어떤 사람은 상대가 실수한 것을 두고두고 이야기하는 버릇이 있다. 좋은 이야기도 자꾸 하면 실증이 나는데, 아닌 것을 자꾸만 반복하면 당사자는 몹시 불쾌해질 것이다.

또, 자신이 평정심을 잃었다고 생각되면 상대를 비판하지 않는 것이 현명한 처신이다. 누구나 흥분하고 격해 있을 때는 자신도 모르게 과격한 말을 하게 된다. 평소 같으면 부드럽게 잘못을 지적할 일도 마음의 평정을 잃으면 더욱 거친 언어로 질책하게 된다. 그러다 보면 냉정하게 업무를 비판하기보다는 서로간에 감정싸움으로 번질 수도 있다. 감정싸움으로 이어지면 서로의 인격을 무시하는 말들이 오고갈 수 있다.

또한, 아직도 여직원의 인격을 무시하는 상사들이 더러 있다. 여직원이라고 해서 함부로 대하고 잔심부름이나 시키는 것은 바람직한 모습이 아니다. 물론 요즘의 신세대들은 그런 대우를 받는 것을 참지 않고 자신의 권리를 주장하고 인정을 받지만 그래도 사회의 첫발을 내딛은 여직원에게 이런 불합리한 일들은 상처를 주기에 충분하다. 특히 여직원의 외모를 가지고 이러쿵저러쿵 하는 것은 개인의 인격을 무시하는 행위라고 볼 수밖에 없다.

"걔는 얼굴 보기가 피곤해, 게다가 시키는 일도 제대로 못하니 원……."
경리 사원으로 입사한 최미란씨는 우연히 경리부장이 하는 말을 듣게 되었다. 그 말이 자신을 두고 하는 말임을 알았을 때 얼굴이 화끈거렸다. 평소 외모에 별로 자신이 없던 미란씨는 서러운 생각까지 들었다. 업무는 분명하게 처리해 두었는데 그런 말을 듣는 것은 너무 부당했다.

"지금 절 두고 하신 말씀이세요?"

"아, 아직 퇴근 안 했어?"

경리부장은 미란씨의 얼굴을 보고 조금 놀란 듯했다. 그러나 금방 아무 일도 없었다는 듯이 자기 할 일만 했다. 그런 상사에게 더 이상 따져 물을 수 없어서 하루종일 속을 태우다 퇴근했다. 하지만 미란씨는 집에 와서도 그 일이 두고두고 머릿속을 떠나지 않았다.

"사람에게 무엇을 가르칠 때 가르치는 듯한 인상을 주어서는 안 된다. 그가 모르는 것이라도 잊은 것이라 말해 주어야 한다."

영국의 시인 포드가 한 말이다. 대개 남에게 무엇인가를 가르쳐 줄 때는 생색을 많이 내고 잘난 척하는 경우가 많다.

"그런 것도 몰랐나?"

"이렇게 간단한 걸 모르고 있었다니, 문제가 심각하군."

이런 말로 상대의 자존심을 건드린다면 어느 누가 기분이 좋겠는가. 아무리 몰라서 배우는 것이라지만 상사가 그런 고자세로 뻣뻣하게 나온다면 부하직원은 그 충고를 제대로 받아들이지 못할 것이다.

"이때는 고객관리 시스템을 한번 정비해 보게. 어떤가? 자네도 그렇게 생각되지 않나?"

이런 완곡한 표현을 빌어 충고한다면 부하직원은 배우는 것을 부끄러워하지 않을 것이다. 사람은 자신의 인격을 존중해 주는 사람을 따르게 마련이다. 상대의 인격을 존중하는 말은 상대에게 한 걸음 더 다가가는 가장 빠른 지름길이다.

CHAPTER

39

남의 대화에
함부로 끼어들지 마라

'약방의 감초'라는 말이 있다. 이것을 긍정적으로
말하면 어디에나 필요한 사람이란 뜻이고 부정적으로 말하면 낄 때
안 낄 때 못 가리고 끼어드는 사람을 뜻할 것이다. 대화를 하다 보면
자기와는 상관없는 대화에도 주책없이 끼어들어 분위기를 망치는
사람이 있다. 호기심이 지나치면 상대방에게 커다란 실례를 범하게
된다.

"제 생각은요. 부장님의 말보다 P씨의 말이 맞는 것 같은데요."

만약 부장과 대화하는 P씨가 경쟁 업체의 관계자거나 혹은 그와
비슷한 위치에 있는 사람이었다면, 이런 말은 큰 낭패가 아닐 수 없
다. 남의 대화에 끼어드는 이런 부류의 사람들은 대체로 아무 생각
없이 말을 하는 경우거나 혹은 독선적인 성격일 가능성이 많다.

"맞아, 내 생각도 그랬는데, 너도 나처럼 생각하네?"

"그렇게 생각하나 보지? 난 절대 그렇게 보지 않는데, 자네가 틀렸네."

"부장님, 그건 아니에요. 제 생각이 옳다고 봐요."

"그건 부장님의 잘못된 판단이에요."

이런 식의 말로 상대방을 불쾌하게 만들기도 한다. 또 남의 대화에 끼어들기 좋아하는 사람의 특징 중 하나는 자신이 해결사 노릇을 하려고 한다는 것이다. '남의 제상에 감 놔라 배 놔라 한다.'는 말처럼 낄 때나 안 낄 때나 다 끼어들어 제 맘대로 하려는 것은 주제넘은 일이다. 나설 필요가 없는 자리에는 나서지 않는 게 현명한 처신이다.

K씨는 아무 때나 나서기 좋아하는 타입이었다. 부서의 총괄책임을 맡은 박 팀장은 팀원들이 K씨를 별로 달가워하지 않는다는 사실을 알게 되었다.

"무슨 얘긴데 나만 빼놓고 하세요?"

"지금 사적인 얘기하는 중이니 좀 빠져주세요."

동료들이 싫어하는 눈치를 주는데도 K씨의 톡톡 끼어드는 버릇은 사라지지 않고 급기야 동료들의 따돌림을 받게 되었다. 박 팀장은 K씨 때문에 팀워크가 잘 이루어지지 않을지도 모른다는 생각이 들었다. 그렇다고 남의 성격을 이래라 저래라 할 수도 없는 일이라, 박 팀장은 적지 않은 스트레스에 시달렸다. 어느 날 박 팀장은 K씨에게 이렇게 충고했다.

"기분 나쁘게 생각지는 말고 들어요, K씨와 상관없는 일에는 관여하는 것을 좀 자제하는 게 어떨까요?"

"팀장님, 제게 그런 버릇이 있는 줄 몰랐어요. 전 그저 궁금해서 그랬던 건데, 앞으로 조심할게요."

"K씨가 그렇게 말해 주니까 오히려 내가 다 고맙네요. 내 말에 화내면 어쩌하나 했는데……."

그가 진심으로 잘못을 깨닫는 눈치라 박 팀장은 한시름 놓았다. 그 뒤부터 K씨의 행동은 눈에 띄게 달라졌고 동료들은 그런 K씨를 이해하게 되었다.

회사 동료들 중에는 그냥 남의 대화에 끼어드는 것도 모자라 말을 이리저리 옮기는 사람도 있다. 말이란 게 여러 사람을 거치다보면 그 본래의 뜻이 곡해되고 과장되고 와전되기 마련이다.

"김 차장이 그러는데, 자네는 실력도 없으면서 말만 앞세우는 형이라고."

사실 이 말은 "그 사람은 실력도 좋지만 말도 잘한다."라는 말이 잘못 전달된 것이다. 이런 말들이 팀원간의 불신을 조장하는 경우가 있다. 서로 불신하다 보면 정작 집중해서 해야 할 업무에 지장을 주고 인간 관계에도 금이 가 직장생활이 고되기만 할 뿐이다.

분명한 것은 남의 대화에 불쑥불쑥 끼어드는 것은 기본적으로 예의가 없는 행동이라는 것이다. 자신은 무심히 남의 대화에 끼어들었는지는 모르겠지만 상대방은 몹시 불쾌하게 생각할 수도 있다. 주제넘은 부하직원, 부담스러운 동료, 껄끄러운 상사가 되지 않으려면 남의 대화에 불쑥 끼어들지 말아야 한다.

재치 키워드

말꼬리를 자르거나 물고 늘어지는 매너는 NO!

1. 쓸데없는 호기심을 버려라.
2. 나서야 할 때와 물러날 자리를 구분하라.
3. 침묵은 금! 되도록 말을 아껴라.
4. 뒷공론 좋아하면 패가망신의 지름길!
5. 상대의 말이 다 끝난 후 말하는 습관을 길러라.

40 직장생활의 노하우를 인정하라

직장생활을 하다보면 동료와는 편안한 느낌으로 대화도 나누고, 직장 내 문제나 개인적인 고민도 털어놓을 수 있다. 하지만 상사는 왠지 부담스런 존재로 여겨지는 것은 왜일까? 아마도 수직으로 놓여진 직장 내에서의 위치가 그렇게 서로의 간격을 벌여 놓은 것인지도 모른다. 어떤 직장인은 상사와 원만한 관계를 유지하지 못하는 경우가 있다. 상사와의 문제를 줄이려면 부하직원도 많은 노력을 해야 하는데 이때 가장 기본적으로 상사의 직책을 인정해야 한다.

'나도 언젠가는 저 자리에 오를 것이다.'

이런 생각을 늘 염두에 두고 있다면 상사를 있는 그대로 인정하는 데 주저하지 않을 것이다. 상사의 잘못을 꼬집어 말하는 부하직원은 아무리 예쁘게 봐주려고 해도 그렇게 되질 않는다. 의도적으로 한 일은 아니라고 해도 상사가 한 실수를 마구 떠벌려 상사의 입장을 난처하게 하다든지 상사의 단점을 부각시켜 사람들 앞에서 망신을 주는 것은 부하직원으로서 할 행동이 아니다.

"부장님이 잘 모르시는 것 같아 말씀드리는 건데요……."

"그 일은 무리입니다. 절대 할 수 없습니다."

이런 식의 말은 상사를 무시하는 것처럼 들리기 십상이다. 설사 상사가 어떤 사실을 모르고 있었더라도 다른 사람이 있는 자리에서 상사를 무시하는 투로 말하는 것은 바람직하지 않다. 물론 자기 의견을 말하는 것을 탓할 수는 없지만 말하는 방법을 고쳐야 할 것이다. 상사가 말을 할 때 함부로 끼어드는 행동도 상사의 눈에는 못마땅하게 비친다. 부하직원이든 상사든 상대방이 하는 말을 끝까지 경청하는 자세를 가지는 것은 당연하다.

상사의 직위는 어느 날 갑자기 올라서는 자리가 아니다. 아무리 부하직원의 눈에 못나게 보이는 상사라도 그는 나름대로 직장생활의 노하우를 쌓아가며 그 자리에 오른 것이다. 상사가 그 자리에 오기까지는 많은 시간과 노력, 경험이 바탕이 되었음을 명심하자.

물론 직장상사도 사람이기 때문에 장점이 있는 반면 단점도 많이 있다. 상사의 단점만 보려고 하지 말고 장점을 더 많이 보려고 노력하자. 상사나 부하직원이라는 관계를 떠나 모든 사람들이 장단점이 있다고 이해하는 자세가 필요하다.

편집 대행 회사에 다니는 디자이너 오기대씨는 김 대리가 영 마음에 안 들었다.

"이거 레이아웃 좀 잡아봐요."

이 한마디만 남기고 김 대리는 사라지고 말았다. 신입사원인 오기대씨는 어떻게 일을 해야 되는지 몰라 전전긍긍하였다. 모르는 것을 물어 보려고 해도 김 대리가 없어서 물어 볼 수도 없었다. 그래도 상사가 시킨 일이니 어떻게 하든 마무리를 해 놓았다.

다음날, 김 대리가 오기대씨를 불렀다.

"어제 레이아웃 한 거 오늘 인쇄 들어갈 거니까 가져와요."

오기대씨는 자신이 해 놓은 일이 잘 되었을까 불안했다.

"아니, 이게 뭡니까? 이걸 레이아웃이라고 한 거예요? 시간도 없는데……."

"참고할 것도 없고, 어제 아무 말씀도 없이 해 보라고만 하셨지 않습니까. 어떻게 하라고 설명만 해 주셨어도……."

"어린애 같은 소리 그만해요. 이 정도는 알아서 해야지요."

김 대리의 말에 오기대씨는 자존심이 무척 상했다. 그 뒤부터 오기대씨는 김 대리의 장점은 보이지 않고 단점만 보였다.

'저는 못하는 거 없나? 자기 일도 제대로 못하면서.'

입 밖으로 내뱉지는 못하지만 늘 속으로 그런 생각을 했다. 그러다 보니 김 대리와 사이도 좋지 않고 직장생활도 즐겁지 않았다.

그렇게 시간이 흘러 오기대씨 밑으로 신입사원이 들어 왔다. 오기대씨는 시키는 일도 제대로 못하면서 일찍 퇴근이나 하려고 하고, 사적인 일로 회사 일에 지장을 주는 신입사원이 못마땅했다. 오기대씨는 그제야 김 대리의 마음을 알 것 같았다.

그 때부터 오기대씨는 김 대리를 다시 보기 시작했다. 새로운 눈으로 김 대리를 바라보니 새삼 그는 좋은 모습이 많은 사람이었다. 김 대리는 한 번 마음먹은 일은 꼭 해 내고야마는 결단력과 인내심이 있었다. 오랫동안 피우던 담배도 끊었다. 회식자리에서는 술 취한 직원들을 일일이 챙겨 주기도 하였다. 오기대씨는 김 대리가 점점 좋아지기 시작했다. 그래서 말 한마디라도 전과는 다르게 했다.

"김 대리님, 식사하러 같이 나가시죠?"

"그래요. 오늘은 어제 술 마셔서 속도 쓰리고 하니까 해장국 어때요?"

김 대리도 전과는 다른 오기대씨의 행동을 기쁘게 받아주었다.

이처럼 상대방의 장점을 보려고 노력한다면 서로 좋은 관계를 유지할 수 있다. 당신이 직장인이라면 상사의 장점에 대해 기회 있을 때 말로 표현하는 것도 좋은 방법이다.

"부장님의 업무 추진 능력을 저도 배우고 싶습니다."

"과장님의 아이디어는 어디에서 그렇게 샘솟듯 나옵니까? 정말 궁금합니다."

부하직원의 이런 말에 화를 내는 상사는 없다. 오히려 그에게 좋은 감정을 갖고 자신만의 노하우를 가르쳐 줄지도 모른다.

또한, 직장 동료들에게 마음을 열면 업무뿐만 아니라 개인적인 생활에서도 많은 조언을 구할 수 있다. 동료가 나의 옹호자가 될 것이라는 믿음을 갖고 동료들을 대해 보라. 그러면 정말 그가 당신의 믿음직한 옹호자로 변신할 것이다. 당신이 무언가 잘못하면 실수하지 않도록 조심하라고 말한 후, 그 방법까지 알려 줄지도 모른다. 누군가 당신을 모략하면 "그 사람은 절대 그럴 사람이 아닙니다." 라고 옹호해 줄 것이 분명하다.

만약 동료들과 문제가 발생한다면 화만 내지 말고, 일단 해결책을 찾고자 노력해야 한다. 상사가 자신을 무시했을 경우는 그 사항을 짚어 다시는 그런 일이 없도록 해 달라고 건의할 수도 있다. 업무상 마찰이 생겼을 경우는 힘 겨루기를 삼가고 가장 바람직한 방향이 무엇인지 심사숙고하라. 문제가 생겼을 때는 상사의 충고를 받아들이는 것도 좋은 방법이다. 상사의 충고를 못마땅하게만 생각할 것이 아니라 자신에게 진정 도움이 되는 충고는 기꺼이 받아들여라.

"과장님 충고대로 했더니 일이 잘 해결됐습니다. 정말 고맙습니다."

이렇게 말할 줄 아는 용기 있는 부하직원이 되어 보자. 분명 상사와도 원만한 관계를 유지해 나갈 수 있을 것이다. 직장 동료들은 당신의 재능과 한계에 대해 정확하게 짚어 줄 수 있는 고마운 충언자이다. 그들의 충고야말로 직장생활을 하는 데 큰 도움이 될 수 있음을 명심하자.

재치 키워드

사랑받는 직장인이 되는 비결

1. 예의 바르고 올바른 태도를 갖는다.
2. 항상 겸손한 자세를 잃지 않는다.
3. 업무 내용을 잘 이행하고 보고서 작성을 습관화한다.
4. 상사의 말을 집중하여 끝까지 잘 듣는다.
5. 필요할 땐 정중히 질문하거나 지시 내용을 분명히 확인한다.
6. 동료 간에 전개되는 화제를 함부로 바꾸려 하지 않는다.
7. 회의에서 주제에 벗어나는 안건을 제안하지 않는다.
8. 덤벙대거나 불안정한 인상을 보이지 않는다.
9. 상사에게 아첨하는 듯한 모습은 보이지 않는다.
10. 동료들을 이해하고 장점을 배우려고 노력한다.

나의 첫마디가 첫인상을 결정한다!
재치 있는 말로 첫인상을 제압하라

초판 3쇄 펴낸날 2011년 1월 15일

지은이 김승규
펴낸이 김철수
펴낸곳 人 아이디북

출판등록 1988년 2월 27일 제8-44호
주소 서울시 은평구 응암동 244-211번지
전화 (02)322-9822, 7792 │ 팩스 (02)322-9826

ISBN 89-903510-1-4 03320

* 잘못 만들어진 책은 바꾸어드립니다.